培养孩子自驱型成长

马进华◎著

Cultivating children's self-directed growth

中国纺织出版社有限公司

内 容 提 要

"望子成龙，望女成凤"是所有父母的愿望，然而，唯有激发孩子的主观能动性，才能使这种愿望成为可能。有意识地培养孩子的自律能力，有助于提升孩子的自觉性、主动性、独立性和自制力，让孩子养成良好的行为习惯，更健康地成长。

本书是当代父母科学育儿的参考书，重在培养孩子的自我控制能力和良好的行为习惯，让孩子有效地掌握自己的学习和生活规律，养成"高效学习、从容生活"的好习惯，让孩子高效地学习、快乐地成长。

图书在版编目（CIP）数据

培养孩子自驱型成长 / 马进华著. --北京：中国纺织出版社有限公司，2023.8
ISBN 978-7-5229-0453-5

Ⅰ. ①培… Ⅱ. ①马… Ⅲ. ①家庭教育 Ⅳ. ①G78

中国国家版本馆CIP数据核字（2023）第053956号

责任编辑：刘桐妍　责任校对：高　涵　责任印制：储志伟

中国纺织出版社有限公司出版发行
地址：北京市朝阳区百子湾东里A407号楼　邮政编码：100124
销售电话：010—67004422　传真：010—87155801
http://www.c-textilep.com
中国纺织出版社天猫旗舰店
官方微博 http://weibo.com/2119887771
三河市延风印装有限公司印刷　各地新华书店经销
2023年8月第1版第1次印刷
开本：710×1000　1/16　印张：10
字数：108千字　定价：49.80元

凡购本书，如有缺页、倒页、脱页，由本社图书营销中心调换

前言

为人父母，我们都深爱着自己的孩子，我们都希望将最好的都给予孩子，从他们呱呱坠地开始，我们一直陪伴着孩子，然而，我们不可能一辈子陪伴在孩子身边。随着孩子一天天长大，他们早晚会离开父母的身边，去寻找属于自己的天地。在孩子成长的路上，我们希望孩子能掌握各种技能、具备各种优点，比如：出色的学习成绩、优秀的交际能力和迷人的性格。不过在习得以上几种能力前，我们首先应该培养孩子一种优秀的品质——自律能力。

不得不说，现在的社会上，很多人都缺乏这一能力，他们或是因此走入犯罪的歧途，或是工作与生活都不顺利，或是与身边的人关系紧张。如果学习成绩不好，将来还可以弥补，但如果自律能力不足，则他们的学习、生活和工作都会受到很大的影响。所以父母一定要注重培养和提升孩子的自律能力，让孩子成为人生的主宰者！

固然，自律能力对于每一个人来说都非常重要，然而，自律能力不是天生的，作为父母，要从小培养孩子的自律能力，才能让孩子健康快乐地成长。

可喜的是，一些父母已经意识到了这一点，所以也在积极寻求提升孩子自律能力的方法。要让孩子提升学习、生活中的自觉性、主动性以及自我控制能力，我们还需要一本专业的指导书，这就是我们编写这本书的初衷。

本书从家庭教育的角度出发，从习惯培养、自觉性提升以及时间管理能力等方面对如何提升儿童的自律能力进行了详细的阐述。书中针对孩子在不同成长阶段所表现出的身心发展特点进行拓展,既有理论,也有事例,能够有效帮助父母更好地提升儿童的自律能力,进而培养出一个学习认真、积极主动、做事专注、时间观念强的好孩子。

当然,自律能力的培养是一个长期的过程,是父母和孩子需要终生学习的功课,需要父母和孩子一起坚持,永不放弃!

作者

2023年4月

目录

第 01 章 教孩子学会管住自己，孩子的良好未来离不开高度自律

孩子的学习能力与自律能力成正比　　003
延迟满足——不要什么都答应孩子　　006
我可以拒绝美食——别让孩子做个小馋猫　　009
21 天，让孩子养成自律的好习惯　　012
根治懒散，勤奋是孩子成长成才的基石　　015

第 02 章 破旧立新，良好的自律能力先从改变不良习惯开始

我早上就是起不来——孩子总是爱赖床，怎么纠正　　021
一到下午就无精打采
　　——培养孩子每天午睡的好习惯　　025
孩子吃饭总是磨磨蹭蹭
　　——如何让孩子养成良好的用餐习惯　　028
我就是不想写作业——孩子写作业磨磨蹭蹭怎么办　　032
我是个马大哈——如何纠正孩子粗心大意的坏习惯　　035

第 03 章 克服游手好闲，培养孩子的行动力和执行力

不要浪费一分钟——让孩子懂得时间的宝贵　　041

我就是不想动——孩子时间观念差，往往行动力差　045
急什么，还早呢——孩子做什么都拖拖拉拉怎么办　048
我对学习总是提不起热情
　　——缺乏学习兴趣引发孩子学习怠惰　　　　051
学习没有方向——缺乏目标让孩子学习缺乏行动力　055

第 04 章　练就注意力，让孩子形成高度自制力

为什么注意力总是不集中
　　——了解孩子爱走神的心理成因　　　　　　061
我就是想玩玩这个、看看那个
　　——孩子注意力不集中是自律能力差的重要表现　065
一边学习一边玩
　　——如何帮助孩子克服三心二意的坏习惯　　069
缺乏自律性——没有养成好的专注习惯　　　　　072
吵吵闹闹，静不下心
　　——给孩子创造安静温馨的家庭环境　　　　075

第 05 章　从生活入手，培养孩子认真仔细的习惯

预则立，不预则废——培养孩子做事的计划性　　081
让我自己来吧——提高孩子的动手能力　　　　　084
保持整洁——引导孩子学会收拾和整理　　　　　087
书桌太乱总是静不下心——让孩子学会整理书桌　091
自律的孩子不乱花钱——培养精打细算、会花钱的孩子　095

目录

第 06 章 加强时间观念，强有力的时间意识能提升孩子的自律能力

时间总是不够用——教会孩子做好时间管理　　101

学习娱乐两不误
　　　　——让孩子规划好自己的学习和娱乐活动　　104

言必行，行必果——孩子不守时的行为要及时纠正　　108

做事总是手忙脚乱
　　　　——帮助和引导孩子做时间规划表　　111

第 07 章 恼人的学习问题，如何让孩子认真学习

总是忍不住打扰别人
　　　　——孩子上课时经常违反课堂纪律怎么办　　117

学习内容太多让人烦躁
　　　　——切实指导孩子制订合理的学习计划　　120

为什么我学习起来这么累
　　　　——好方法帮助孩子学习更高效　　124

总是记不住知识——帮助孩子寻找适合的记忆方法　　127

学过就忘——帮助孩子制订合理的复习计划　　130

第 08 章 告诉孩子从小开始积累良好习惯，启迪孩子的智慧

总是挑食不吃饭——如何训练孩子良好的饮食习惯　　135

吃得好才能学得好——让孩子的大脑有足够的营养　　138

晚上不睡早上不起——帮孩子养成良好的作息习惯　　141

| 培养孩子的理财观——理财要从娃娃抓起 | 144 |
| 不想写作业——让孩子养成独立完成作业的习惯 | 148 |

参考文献　　　　　　　　　　　　　　　　　　151

第 01 章

教孩子学会管住自己，孩子的良好未来离不开高度自律

人生在世，我们每个人都渴望有一番作为，作为父母，我们更是希望孩子能成才。然而能成功、成才的孩子只是少数。很多父母感慨，为什么我的孩子懒惰、贪玩、贪吃、注意力差呢？主要原因之一就是孩子缺乏一定的自律能力。所谓自律，指的是一个人对自身的冲动、感情、欲望施加的控制。作为父母，我们要明白，让孩子学会自律并不难，只需要让孩子在遇事时多想想要不要去做、后果会怎样，相信他就一定能控制自己的言行，并获得自发的行动力，此时，孩子也就拥有了成才的资本。

孩子的学习能力与自律能力成正比

生活中，我们不难发现这样一个现象：两个年龄相仿的孩子，学习相同的内容，学习成绩好的一定是那个能自律的孩子，他能摒除外界与内心的干扰，他的自主学习能力较强，不需要家长和老师的督促。事实上，孩子的学习能力与自控能力是成正比的。宾夕法尼亚大学在一系列新研究中发现，坚韧不拔的人更容易在学业、工作或其他方面获得成功，这也许是因为他们富有激情，忘我投入，才可以越过漫长人生道路上的绊脚石。西奥多·罗斯福也曾说过："有一种品质可以使一个人在碌碌无为的平庸之辈中脱颖而出，这种品质不是天资，不是教育，也不是智商，而是自律。有了自律，一切皆有可能；无自律，则连最简单的目标都显得遥不可及。"

自控力，又常称意志力，是人们在追求人生梦想和目标的路途上不可或缺的一种品质。除了自控力外，要想达成目标，还需要有努力、决心和毅力，将这些品质综合起来，就是心理学家们所说的"坚毅"。坚毅比意志力的含义更深远，所以意志力是坚毅的一部分。除此之外，在学习中，意志力也是极为重要的。

马丁·塞利格曼说过："如果没有坚韧不拔的精神，除非你是天才，否则是不会胜出的。"在家庭教育中，我们也要培养孩子的自律能力，让孩子学会专注、持续地学习，这样才能提升他们的学习能力，完善学习成果。

曾经有研究人员对某著名中学的学生进行了长期的调查。经过调查，研究人员发现，这个学校的孩子之所以特别优秀，是因为他们有着超强的自律能力。他们吃午饭的时间不到三十分钟，开饭三十分钟后，在食堂和操场已经找不到一个孩子的身影，教室已响起了"刷刷"的写字声。就是课间操时间，很多同学也都是随身携带一个小本子，嘴里念念有词，他们在利用集合时间学习，背诵英语单词或古诗词！以这样的精神去学习，还怕学不好吗？

任何一个人的才能，都不是凭空获得的，学习是唯一的途径。学习的过程，就是一个不断克服自我、控制自我的过程。只有首先战胜自己，摒除内在和外在的干扰，才能将全部的激情投入对知识的汲取中。

对于一个孩子而言，学习中最重要的也是自律，然而，不少孩子虽然一开始认识到了专注的重要性，但在坚持了一段时间后，在遇到一些外在和内在的干扰，比如吃喝玩乐的诱惑、内心的焦躁情绪后，慢慢会发现自己已经放弃原来的学习计划。你会发现这种情况每个人都会遇到，而放弃的原因总是多种多样的，就如人们曾经说过的："如果你不想做一件事，你一定会找到一个借口。"其实，坚持的过程就是自控的过程，能坚持到最后的，一定是能够获得极强学习能力的人。

那么，对于孩子的学习来说，我们如何帮助他们实现自律呢？以下几种方法或许对孩子有帮助。

1.帮助孩子明确学习目的

你可以问孩子：你为什么而学习？是父母强逼你学习，还是你有着伟大的梦想？如果你总是认为学习是一件无奈的事，那你又怎么可能投入全部的热情学习呢？像这样，引导孩子重新思考一下自己学习的目的。

2. 教孩子排除各种干扰，消除各种杂念

我们要告诉孩子：一心一意想学习、全心全意求进步，也就是心要静，如果你整天为一些生活琐事烦恼，你又怎么能重视学习呢？整天想着"数学作业老师不检查，咱不做了""语文做了也白做，不做了""这章节太容易，有啥学的"，你的心又怎么能静下来呢？

3. 告诉孩子早动手

在学习上，我们要告诉孩子：你若动手得早，你就有足够的时间，你做的准备就更充分；你若动手得越晚，你的时间就越少，你的心就会越焦躁。

4. 告诉孩子制订详细的学习计划

盲目的学习是没有好效果的，效率差的学习会打击孩子的自信心，甚至让他们的信心消失殆尽。因此，我们要帮助孩子制订一份详细的学习计划，每天干什么、什么时间干，要有详细的计划，计划要切合实际，要略高于自己现在的学习能力。

5. 告诉孩子坚持执行学习计划

在《圣经》这本书中，记载了一个故事：

摩西带领以色列人从埃及出发，经过红海，来到一片旷野中，走了三天都没有找到水。他们走啊走，走到了玛拉，却发现那里的水是苦的，百姓不由得大发怨言，苦恼不已。其实他们不知道，在前面不远的地方，就是以琳，那里有泉水和棕树，只要再坚持一会，他们就能安安稳稳、舒舒服服地扎营休息。

总之，任何一种能力的获得，都需要学习。学习不是享受，甚至有时候，学习的过程是枯燥的，这就需要你学会自制，培养自己的意志力。坚持学习、专注于学习，你必当有所收获！

延迟满足——不要什么都答应孩子

"金无足赤,人无完人",人最大的敌人是自己。只有能够战胜自我的人,才是真正的强者。这就考验了人的自制力。一个有着强大自制力的人,就像一个有着良好制动系统的汽车一样,能够在很大程度上随心所欲,到达自己想要去的任何地方。因此,我们可以说,美好人生就是从自我控制开始的。而生活中,人们之所以会做那些让自己后悔的事,归结起来,大多是因为自制力薄弱,抵挡不住诱惑。而且自律能力强的孩子也更容易在未来生活中取得成功。可见,任何一个孩子的父母,在教育孩子的过程中,一定要培养孩子的自控能力,让孩子学会约束自己。

然而,我们都知道,孩子毕竟是孩子,他们往往自制力不足,需要我们成人的引导和帮助。为了提升孩子的自控力,我们可以运用心理学上的一个方法——"延迟满足"。它指的是,人们为了更为远大的目标,可以先克制自己内心的欲望,抵挡当下的诱惑。如果一个人没有这种能力,那么,则会在遇到压力时退缩不前或不知所措。同时,它也指父母或其他教育者为培养孩子的忍耐力而刻意延后满足其要求的教育方法。

生活中,我们会发现,一些家长,在自己年轻时受过很多苦,因此,对于自己的孩子的要求,他们都来者不拒,孩子要什么,他们都满足。这样,孩子克制自己对物质的欲望，以及通过自身的努力满足这种欲望的能力就会越来越弱，因为太容易得到了，甚至不需要他的努力就能得到。而一个自我延迟满足能力强的孩子，成年后就会在面对困难和挫折时，知道自己要付出很多才能达到那个目标。我们可以通过一个例子来理解延迟满足。

圆圆看到冰箱里的冰淇淋，嚷嚷着要吃，但此时她正咳嗽，嗓子疼。妈妈就跟她解释："你现在正病着，吃了冰淇淋，嗓子就说不出话来了。等过几天病好了再给你吃。""我就吃一点点。""吃一点你的嗓子也会比现在疼得厉害，还得吃更多的药。等好了，可以给你吃一个蛋筒。"这样，圆圆会权衡利弊，选择延迟满足，并吃一个蛋筒。

圆圆妈妈就是在理性地教育女儿，这是正确的教育方法，小孩往往对自己的要求只有感性上的认知，并不知道其中的利害关系。家长帮助孩子认识到这一点，她就会慢慢地了解什么是该要求的，什么是不可以要求的。

家庭教育中，每个父母都要遵循孩子的天性，但这并不意味着我们要满足孩子的所有要求。相反，适当延迟满足，能培养孩子控制自己欲望的能力。这一点，需要家长在生活中贯彻实施。当你的孩子明白只有先付出才有回报时，他也就拥有了一定的自控力，而自控力好的孩子，在未来的学习和生活中，往往更能掌控时间，认真专注。

那么，作为父母，我们应如何做呢？

1.适当推迟满足孩子要求的时间

比如，当他们需要什么时，我们可以适当推迟一下满足时间，比如过半个小时再来处理孩子的要求。在这个过程中，他的忍耐能力就无形中提高了。

2. 看要求是否合理，不要事事都迁就孩子

当孩子提出某个要求时，家长是否要满足，最重要的是看这个要求合不合理。如果家长认为孩子的这个要求是合理的，就应该尽量满足；如果家长认为孩子提出的要求不合理，就一定要拒绝。但需要注意的是，家长必须在拒绝孩子的时候告诉他原因，告诉他怎样做才是对的。

3. 立场要温和，态度要坚定

如果你想拒绝孩子的要求，那么，你就必须表现得立场坚定，进而让孩子明白自己的要求是无理的。但同时，你的语气必须要温和，这样才是真的以理服人，才能让孩子感到你依然是爱他的。

比如，女儿想买一样东西，你可以这样说："抱歉，宝贝，妈妈最近经济有些拮据，大概三天后妈妈才能拿到钱。那么，这三天妈妈必须努力工作，你能帮妈妈在这三天做些家务吗？三天以后，再买给你好吗？"这样态度温和地说，是要让孩子感受到："虽然妈妈没给我买东西，但妈妈这样做是有原因的，妈妈也是爱我的。"

假若我们在教育孩子的时候态度温和，客观地看待孩子的要求，当孩子做出不得当的举动时，也能包容和接纳，那么我们在与孩子进行一切互动时，都能很好地把握分寸。

我可以拒绝美食——别让孩子做个小馋猫

在物质极大丰富、文化多元的现代社会，各种各样的诱惑也开始潜伏在一些正处于成长期的孩子周围。对于自律能力不足的孩子来说，最直接的挑战就是美食诱惑了。"民以食为天"，谁都喜欢美食，口腹之欲是最基本的欲望，而如果一个孩子能管住自己的嘴，也就是实现了自制的第一步。反过来，一个连自己的嘴都把控不了的人，又怎能成大事呢？

美国心理学家沃尔特·米切尔曾做过这么一项实验：

他给一群四岁的幼儿小朋友每人发一块软糖，并告诉他们，他现在需要去办点事，大约20分钟就会回来。谁能在他回来之前不吃掉这块糖，谁就可以再得到一块；而做不到的人，自然就没有。

结果，如沃尔特·米切尔所预料的，有些孩子很馋，在他回来前就吃掉了这块糖。而也有一些孩子，他们为了得到第二块糖，真的做到了坚持20分钟不吃。米切尔将所有孩子的选择记了下来，并对他们进行了长期的跟踪调查。

等到他们高中毕业后，米切尔调查了他们的现状，发现原来那些能坚持20分钟的孩子，都表现出了更多优秀的特质：他们有很强的自信心，更独立、积极、可靠,能够很好地应对挫折,遇到困难不会手足无措,也不会退缩;而之前那些因为贪吃没能坚持下来的孩子,长大后大部分都表现出退缩、羞怯、经不起挫折、好妒嫉、脾气急躁等特质。更令人吃惊的是,他们在学习成绩上也有显著的差异,前一种孩子的学习成绩远远要好于后一种孩子的学习成绩!

这个实验的最终结果表明,孩子是否有自律能力,在一定程度上决定了他有怎样的未来,而训练其自律能力的第一步就是教他克服对美食的诱惑。以吃糖为例,作为父母,要让孩子在美食面前有自制能力,就要让孩子看到每天吃不同数量的糖会有怎样的区别。比如,你可以告诉孩子:现在有三块糖,你大可以一吃为快,将三块糖一口气全部吃完,但这就意味着接下来两天你没有了糖;而那些聪明的人会选择一天吃一块,那么,接下来的两天,他都能尝到"甜头"了。并且,这是一种最健康的饮食方法。研究表明,每天摄入糖分不宜过多,尤其是儿童,每日添加糖摄入量最好不超过摄入总能量的5%。把糖分到几天里去吃,能降低其对孩子内分泌的不良影响。而最重要的是,后者让孩子训练了自己的自控力,一个能控制自己对美食的欲望的人才能控制自己的更高层次的欲望。让孩子看到多种选择的不同结果,相信孩子能做出明智的选择。

我们再来看下面案例中这位妈妈的教育方法:

这天,妈妈给了静静一块糖,然后她把另一块糖也放到静静面前,说:"静静,现在有两块糖,你今天只能吃一块,不过你要实在忍不住了,还可以吃第二块,但是明天的糖就没有了。如果你不吃,明天妈妈会给你两块。"

静静很聪明，她歪着脑袋，天真地问妈妈："那我今天都不吃，明天能给我三块吗？"

妈妈很吃惊小小的静静居然会这么问，不过她庆幸的是，静静才四岁，就已经有了这么强的自控能力了。于是，妈妈高兴地说："真'贪心'啊！"

这里，静静就是个自律的孩子，事实上，懂得克制自己欲望的孩子眼光是长远的，他们在成年后，对于眼前的事，也会做出综合的考虑，考虑这个选择现在对他们有没有利，五年以后有没有利，十年以后有没有利。如果小时候不控制自己，长大了就会习惯"控制不住"的状态，矫正起来就比较难。

总之，在家庭教育中，我们要想让孩子获得对欲望和诱惑的超强自控力，首先就要训练他们的初级自制力——拒绝美食的诱惑。为此，必须要让孩子明白：不加节制的饮食不但会让你的身材和健康逐渐偏离正常的轨道，更重要的是，这表明你抵抗诱惑的能力正在逐渐消减！

21天，让孩子养成自律的好习惯

俗话说："习惯形成性格，性格决定命运。"由此可见习惯的重要性。而好习惯是后天培养出来的，坏习惯也是可以改变的。生活中的每一个人，都应该以敏锐的洞察力来审视自己的习惯，而对于成长期的孩子来说，养成自律的好习惯，需要作为父母的我们进行监督。

有专家说："养成习惯的过程虽然是痛苦的，但一个好习惯一旦养成，将是我们受益终身的财富。"因此，短时间的痛苦又算得了什么呢？根据心理学家研究，一个习惯的培养平均需要21天左右，这意味着只要我们愿意去做，就可以用21天的苦，换来以后一生的甜。很明显，这是一件很值得做的事。此外，任何一个习惯一旦养成，它就是自动化的，如果你不去做反而会觉得浑身难受，只有做了才会感觉很舒服。因此，家庭教育中，为了让孩子养成自律的好习惯，我们不妨也给孩子制订一个计划，然后用日程本记录下来孩子执行计划的过程。只需要21天，好习惯就能养成，从而改变他的意识，影响他的行为，为孩子带来超乎想象的成功。

这天，吴先生在看报纸时看到一篇报道，内容说的是人的某些行为只要坚持21天，就能形成习惯。也就是说，一个人若想养成良好的行为习惯，可以给自己21天的时间去培养它，之后不必刻意坚持也能将习惯保持住。吴先生把这件事告诉儿子辰辰后，辰辰不相信，非要和父亲打赌。没想到21天以后，辰辰真的"脱胎换骨"了：他不再起床拖延，不再只喝饮料不喝水，爱上了运动，每天晚上睡觉前还会看一篇文章。

在后来的一次班会中，辰辰把自己的经验分享给了其他同学。

每个孩子也都希望养成某些好习惯，形成自控力，这里，我们可以让孩子借鉴辰辰的方法。那么，我们该让孩子养成哪些好习惯呢？

1. 积极乐观

乐观是一种积极的品质，成为一个乐观的人，是需要学习方法的。我们可以引导孩子反思自己："你注意过自己的走路姿态吗？你抬头走路，还是低头走路呢？很多人都是迈着缓慢的小碎步低头走路的。这样的人大部分很悲观。要改变自己，从走路姿势开始，昂首挺胸地走路吧。"

2. 变懒惰为勤奋

如果你的孩子是个懒惰的人，你不妨尝试这样做：

不要天天给他拿碗筷；闲暇时让他帮忙做点家务；让他每天整理干净再出门，不要给人邋里邋遢的感觉；学习时，提醒他变被动为主动，积极起来……

3. 微笑

告诉孩子多微笑，微笑会让他更快乐。无论遭遇什么事情，如果笑一笑，感觉会好很多。微笑，让机会出现在你的身边。

4. 充满活力，动起来

身体是革命的本钱，运动也要成为一种习惯。当然，这需要孩子坚持下来。在21天的时间里，他可能会产生懈怠的情绪，但这期间，如果你能鼓励他坚持完这21天，他就会成为一个有活力的孩子。

5.学会倾诉

成长期的孩子身上发生的让他们快乐和不快乐的事太多了，你可以多引导他们将心事倾诉出来。

6.养成读书的习惯

除了让孩子学习书本知识外，还要让他多读课外书籍，多读书可以增长知识、陶冶性情、修养身心。

7.多喝水

喝水的重要性毋庸置疑，不要渴了再喝，也不要用饮料代替水。

当然，任何习惯的形成和改变，都是艰难的，但只要坚持一段时间，使习惯形成后，它就会成为一种自动化的、下意识的行为反应了。总之，没有改变不了的习惯，只有你不想改变的习惯。帮助孩子养成自律的好习惯，只需要他坚持21天！

根治懒散，勤奋是孩子成长成才的基石

作为父母，我们都知道，无论做任何事，勤奋都是唯一可以获得成功的方法。俞敏洪曾经说过，世界上能登上金字塔顶的生物只有两种：一种是鹰，一种是蜗牛。不管是天资奇佳的鹰，还是资质平庸的蜗牛，它们能登上塔尖，极目四望，俯视万里，都离不开两个字——努力。若是缺少了勤奋，即便是天资奇佳的雄鹰也只能空振双翅；而若是有了勤奋，即便是行动十分缓慢的蜗牛也可以俯瞰世界。靠着自己的双手去生活，远比依赖别人要踏实得多。

对于任何一个孩子来说，在未来的社会上，他们只有努力向上，埋头苦干，不屈服于任何困难，坚持不懈，才能取得成功；并且，只有坚持这样做，他们才能造就优秀的人格。而勤奋这种品格必须从小培养，从日常生活和学习中培养。

勤奋的反义词是懒惰，我们不得不承认，越来越多的孩子身上有懒惰这一恶习。"现在的孩子知识面广，脑子灵，就是有点懒"，这是很多家长对孩子的评价。当然，孩子懒散的原因是多方面的，但主要是因为现代社会家长对孩子的娇宠。在衣来伸手、饭来张口的家庭生活中，孩子缺乏劳动习惯而变得懒散，久而久之，导致动手能力差，做事缺乏毅力和耐力。懒惰是孩

子学习乃至生活中的天敌。懒散会导致孩子抗压能力差，给以后的学习和生活带来很多困难，懒惰的孩子喜欢成天闲荡，听课精神不振，不做作业也不温习功课。孩子作为社会主义的接班人，必须发扬先辈们艰苦奋斗的作风，不能让懒散成为成长路上的绊脚石，这就告诉我们家长，要根治孩子做事不肯钻研、怕苦、怕烦的坏习惯。

的确，教育就是培养习惯，好的习惯成就好的性格，良好的行为习惯要从小培养，您若不想自己的孩子成为小霸王、小懒虫、小磨蹭，明智的做法是不做有求必应的父母。那么，作为父母，怎样帮孩子改变懒散行为呢？

1.培养孩子的自理能力

自理能力对于孩子自我意识和独立人格的形成有重要影响。不少孩子对家长都有很大的依赖性。那么，如何让孩子克服这种依赖性呢？

（1）家长要根据不同的年龄阶段，不断地教会孩子生活的本领。要正确对待孩子学习生活本领的过程中表现出来的"笨拙"，对孩子的失败要有足够的耐心和宽容。

（2）凡是孩子力所能及的都尽可能让孩子自己去做，比如让孩子自己管好自己的东西。家长要教给孩子的是一些应对意外的办法，如迷路时应向何人求援等。

（3）孩子在面临不知如何处理的事情时，不要立即帮助他，应观察出现困难的地方，然后鼓励他、提示他，从旁协助他自己解决，从而树立他的自信心。

2.培养孩子勤奋的作风

懒惰是一种不良的行为习惯，也反映了一个人对生活、对学习的一种态度和观念。所以，要帮助孩子认识到勤奋是不可缺少的美德。勤奋可以改进自己的学业表现，勤奋可以使人事业成功、生活幸福。勤奋的人比懒惰的人有更多的人生乐趣。

3. 激发孩子学习的兴趣

兴趣是勤奋的动力，一个人对某项事物产生了兴趣，便会积极主动地投入，消除怠惰。有位同学原来对课堂学习不感兴趣，上课随便讲话，做小动作。班主任老师在一次家访中，发现了他爱饲养小动物。于是老师有意让他参加生物兴趣小组，并委托他饲养生物实验室的金鱼。由于他的兴趣得到合理引导，他不仅在课外活动中主动积极，而且生物课学习表现得十分认真。

4. 让孩子独立解决问题

依赖性是懒惰的附庸，而要克服依赖性，就得在多种场合教导孩子自己的事情自己做。家长不要做孩子的"贴身丫鬟"，面对懒散、抗压力差的孩子，最好的方法是不要为他们做得太多，为孩子安排好所有的事情其实是害了他，要让他自己面对生活必须面对的事情。比如，独立地解一道数学题，独立准备一段演讲词，独立地与别人打交道等。

5. 不回避挫折

生活是最好的老师，逆境中学到的东西往往比顺境时多，家长帮孩子回避挫折，就让孩子失去了学习的机会，他将来要花更大的代价去补习。

6. 鼓励孩子去做，帮助其逐步克服懒散的行为习惯

鼓励孩子处理自己的事情，当遇到挫折时，告诉他"无论发生什么事，我都会在你身边"。可以多用一些鼓励话语，比如：

（1）三个字的鼓励话语：好可爱！好极了！好主意！好多了！做得好！恭喜你！了不起！很不错！太棒了！

（2）四个字的鼓励话语：太奇妙了！真是杰作！那就对了！多美妙啊！

我好爱你！继续保持！你很能干！做得漂亮！

（3）五个字的鼓励话语：继续试试看！真令人惊讶！真的谢谢你！你办得到的！你做得很对！你走对路了！

7.让孩子加强体育锻炼，保持情绪上的健康，体力上的活力

有些孩子学习懒惰是因身体虚弱或疾病，致使身体容易疲乏，学习难以持久。我们应鼓励他们多多参加体育活动，改善营养或积极治疗，以增强体质，增强生命的活力，从而克服懒散的习惯。

一位母亲说："我可以用'很懒散'来形容我的儿子。他睡瘾很大，白天也爱睡，书看不到半小时，他就开始打瞌睡。想让他帮忙做点事，我还没开口，他先喊累，没有小孩子应当有的朝气。我认为他之所以懒散，是因为缺乏活力。于是，我先让他采取'分段学习'法，学习半小时休息十分钟，背英语课文也一样，背两段休息一会儿。复习迎考时，我与他用问答方式整理资料，避免他一个人学习时打瞌睡。做完作业，我会赶他下楼和他踢足球、打羽毛球，使他保持活力。坚持的结果是：儿子在中考中取得了意想不到的好成绩，考上了重点高中。他尝到了甜头，情绪很高，对未来也信心十足。"

总的来说，懒惰的原因是多种多样的，家长要根据不同的起因灵活采用不同的纠正方法。另外，懒惰是一种不良的行为习惯，"冰冻三尺，非一日之寒"，所以，孩子懒惰行为不是一朝一夕就能改变的，家长要鼓励孩子持之以恒，这样才能改变懒惰的行为，为孩子适应未来激烈的社会竞争做准备。

第02章

破旧立新，
良好的自律能力先从改变不良习惯开始

  儿童心理学家认为，我们孩子的成长过程，就是学会自律的过程，也是不断克服自身缺点的过程。这些缺点包括很多不良的行为习惯，比如懒惰、赖床、吃饭磨蹭、做事拖拉、作息不规律等，如果不加以干预，将会影响孩子的学习和做事效率，甚至影响他们未来的人际交往、事业发展……那么，作为父母，该怎样帮孩子预防和改正不良行为习惯呢？本章我们就来了解一下。

我早上就是起不来——孩子总是爱赖床，怎么纠正

我们常说春困秋乏，对于成年人是这样，对于孩子来说，他们更是一年四季都喜欢赖床。为此，很多妈妈们叫苦不迭，眼看着幼儿园的校车都开到了家门口，或者孩子马上就要迟到了，但孩子就是赖着不起来。遇到这种情况该怎么办呢？在解决这一问题之前，我们先要了解迟到对孩子有什么影响。

1. 迟到影响孩子的心理健康

迟到的孩子到教室后，不是在全班同学注视之下坐下听课，就是畏畏缩缩地从后门进去。这时，孩子在心理上已经发生了变化。次数多了，孩子会担心、焦虑起来，怕老师批评，怕同学们笑话。

2. 迟到影响孩子的身体成长

孩子总是迟到，说明他的作息不规律。幼儿园阶段，正是孩子生长发育的黄金时期，孩子还没有形成正确的时间观念，良好的起居习惯需要大人帮助培养。如果孩子早上起来匆匆忙忙，没时间吃早餐或者随便吃点，不仅营养跟不上，对他的成长发育也是非常不利的。

3. 容易养成拖延症

孩子迟到，就会错过集体游戏，错过与老师、同学互动交流的机会，导

致"一步拖，步步拖"。做事情总是掉在后面，容易使孩子的时间观念和组织服从性越来越差，久而久之养成拖延症。所以好习惯一定要从小开始培养。

很多家长表示这个年龄段的孩子，打骂都不可以，骂孩子容易伤害孩子自尊心，而且不利于亲子关系的培养；而打孩子，一旦把握不住轻重，很可能对孩子的身心造成影响。哪怕不使用责罚的方式去纠正赖床的习惯，孩子也正处于长身体的关键时期，如果硬把孩子从睡梦中叫醒，对孩子的身体发育，也是没有一点好处。

那么，有没有什么方法可以有效纠正孩子赖床的习惯呢？其实，让孩子不赖床的最根本方法，就是让孩子了解时间。

1. 让孩子自己决定休息的时间

在睡觉之前，不妨先和孩子讨论一下就寝与起床的时间，也可以问问孩子希望父母用什么样的方式叫自己起床。让他自己决定作息的时间，可以让他知道该对自己的承诺负责；用孩子能接受的方式叫他起床，可以减少父母叫起时可能发生的不愉快。

2. 睡前准备

睡觉前要求孩子先整理好自己的书包，把明天要用的东西准备好。如果天气比较冷，可以先让孩子把明天要穿的衣服叠好放在床头，起床后可以直接帮孩子套上。这样做既可以避免孩子在起床后受凉，也可以减少起床后的准备时间。

3. 让孩子学会用闹钟

闹钟对于成年人来说，是必不可少的，而对于培养孩子的时间观念，也大有用处。在认识闹钟、学会使用闹钟的过程中，孩子可以认识时间，而且能够学会更好地把握时间。孩子一旦对闹钟产生了兴趣，慢慢地就会抛弃掉赖床的习惯了。

4. 让孩子挑选铃声

要想让孩子更快地接受一件事情，那就需要让孩子作为一个参与者。所以从选闹钟开始，到后面的认识闹钟，再到选择闹铃的声音，都应该让孩子参与到其中。可以带孩子一起去商场选闹钟，让孩子选择自己喜欢的闹钟样式，回到家后，一起和孩子挑选他喜欢的铃声。当他对这个铃声感兴趣的时候，早上一旦听到铃音响起，他就会萌生出兴致，对于赖床的孩子来说，这简直是不二法宝。

5. 让孩子选择起床时间并及时鼓励

选定闹钟铃声之后，父母就可以征求孩子的意见，问孩子想要几点起床。孩子对闹钟有了第一次认识，势必就会有很浓的兴趣，这个时候，父母要给孩子两到三个时间点供其选择，比如，是6:30起床呢，还是6:50起床，让孩子从中选择。孩子选择好之后，父母一定要及时鼓励孩子，比如孩子选择了6:30，这个时候父母一定要说：孩子，你选择了这个时间起床，妈妈相信你一定会起来的，另外，有这个小闹钟陪着你，你也一定和它做好朋友哦，不要让小闹钟失望哦。

当孩子对于时间、对于闹钟有了清晰的认识之后，接下来父母就可以轻松很多了，而且可以慢慢让闹钟成为叫孩子起床的"好朋友"。久而久之，孩子就会形成一种自然反应，起床再也不是一件困难的事情了。

6. 营造起床气氛

孩子到点该起床的时候，妈妈可以播放一些轻松的音乐或放一些孩子喜欢听的故事CD，让孩子在轻松的气氛中慢慢醒来，同时也可以缓解孩子被吵醒的不愉快。

总之,只要父母怀着一颗耐心,不用粗暴的叫醒方式,而是用温柔的充满爱的方式叫醒孩子,孩子渐渐就会改掉赖床的习惯了。

一到下午就无精打采——培养孩子每天午睡的好习惯

提到睡眠，我们自然会想到晚上的八小时睡眠的重要性，但其实不止夜间睡眠，那些高效学习和工作的人更有午睡的习惯。一些人因为太忙而放弃午休，殊不知，午休是一种获得体力和精力的不可或缺的方式。生活中，不少孩子也总是到了下午就无精打采，学习效率下降，这是因为没有睡午觉。

睡眠研究专家表示，其实午休是人类保护自身机体的一种方式。在远古时代，人们午休可能是为了躲避室外炎炎烈日，后来逐渐演变成一种生活习惯。那时候的人类聚集在暖热地带生活，而人们工作的场所主要是在户外，因此午休成为人们避免遭受热浪袭击的方法。

这一差别在有工作的男性身上尤为明显。

对我们现代人而言，午休能为我们带来以下几点好处：

1. 消除疲劳

睡眠专家们研究发现，我们人体所需要的睡眠不只是在夜晚，白天也需要。人在白天有三个睡眠高峰期，分别是上午9时、中午1时和下午5时，尤其是中午1时的高峰最明显。也就是说，人除了夜间睡眠外，在白天有一个以4小时为间隔的睡眠节律。专家们认为，人在白天的睡眠节律往往被繁忙的工作、学习和紧张的情绪所掩盖，或被酒茶之类具有神经兴奋作用的饮料所消除。所以，有些人白天并没有困乏之感。然而，一旦此类外界刺激减少，人体白天的睡眠节律就会显露出来，到了中午很自然地想休息。倘若外界的兴奋刺激完全消失，人们的睡眠值亦进一步升高，上下午的两个睡眠节律也会自然地显现出来。这便是人们为什么要午休的理论依据。

研究还表明，午休是保持清醒必不可少的条件。不少人，尤其是脑力劳动者，会体会到午休后工作效率会大大提高。英国学者研究发现，每日午后小睡10分钟就可以消除困乏，其效果比夜间多睡2个小时好得多。

2. 预防冠心病

医学专家发现，午睡不仅能提升学习和工作效率，还能预防冠心病。据医学家研究观察，每天午睡30分钟，体内内分泌激素水平能更趋平衡，使冠心病发病率减少30%。另外，医学专家特里切普鲁斯曾对23681个希腊人展开为期六年的跟踪调查，结果发现，在一周之内至少有三天午睡的人患心脏病的几率比那些不午睡的人低37%。还有研究者发现，在地中海地区，冠心病的发病率明显低于全球其他地方，而这与地中海地区人们有午睡习惯也是分不开的；而北欧、北美国家冠心病发病率高，其原因之一就是缺乏午睡。这与午休能使心血管系统舒缓，并使人体紧张度降低有关。所以，有人把午休比喻为最佳的"健康充电"，是有充分的道理的。

3. 调节心情

在美国的一本专业杂志上，提到了午睡在心理调节方面的妙用：午后打盹可改善心情，降低人体紧张度，缓解压力，其效果就像睡了一整夜（8小时）。

不过需要注意的是，根据国外科学家的研究，这里有几种人不宜午睡：65岁以上，体重超过标准体重20%的人；血压过低的人；血液循环系统有严重障碍，特别是由于脑血管变窄而经常头昏、头晕的人。

因此，一定要根据自己的情况科学地进行午睡。那么，作为父母，在孩子午睡这一问题上，该让他做些什么呢？

1. 不要饭后即睡

刚吃了午饭，胃内充满了食物，消化机能处于运动状态，如这时午睡会影响胃肠道的消化，不利于食物的吸收，长期这样会引起胃病；同时，这样也影响午睡的质量。宜饭后半小时再入睡。

2. 注意睡的姿势

一般认为睡觉正确的姿势是右侧卧位，因为这样可使心脏负担减轻，肝脏血流量加大，有利于食物的消化代谢。但实际上，由于午睡时间较短，可以不必强求卧睡偏左、偏右、平卧，只要能迅速入睡就行。将裤带放松，便于胃肠的蠕动，有助于消化。如果是趴坐在桌子上午睡的话，最好拿个软而有一定高度的东西垫在胳膊下，这样可以减少挤压，比较容易入睡。

3. 时间不宜过长

午睡时间不宜过长，一般30分钟左右就可以了。

孩子吃饭总是磨磨蹭蹭——如何让孩子养成良好的用餐习惯

生活中,不少父母发现,孩子一到吃饭时就跟自己"作对":就算连哄带骗,孩子还是要么不愿意吃,要么挑食,只吃这个、不吃那个。也有一些父母怀疑,孩子不爱吃饭,是有什么身体上的问题。其实不然,教育心理学家认为,孩子吃饭磨磨蹭蹭,不排除有生理性因素的可能,但也有不少孩子这样做就是"惯的"。6岁以后是孩子习惯养成的最佳时期,此时让孩子养成良好的饮食习惯,对孩子的健康乃至性格养成都有积极的重要的影响。

我们来看下面的案例:

到吃饭时间了,妈妈做好了饭,准备喊四岁的儿子吃饭,可是叫了几遍,儿子都没反应,还是在玩玩具。妈妈生气了,她一天忙里忙外,要工作,还要照顾孩子,孩子还跟她作对。她一气之下夺走了儿子手上的玩具。儿子也不高兴了,居然跟妈妈抢起来。妈妈这下可火了,生气地把孩子训了一顿。可是,说完之后,看着躲在墙角哭得惨兮兮的儿子,她心又软了,她开始担心:自己这样批评孩子,会不会给他留下心理阴影?

和案例中的这位妈妈一样,很多父母对于管教孩子吃饭问题很是头疼,那么,对于孩子吃饭磨蹭拖拉的问题,我们该怎么做呢?我们再来看看下面这位妈妈是怎么做的。

萌萌是个品学兼优的高中生,成绩优异,高考分数更是全校第一。

后来,她的成长经历和学习心得被全校老师和同学知晓,原来,她的生活非常有规律,这归功于妈妈的教育。萌萌妈妈是个管教小孩子的高手,她对萌萌非常严格,生活作息都为萌萌规划得一丝不苟,从来不宠溺她。

"比如吃饭的时候,妈妈不会像现在的家长那样端着饭碗一个劲地说'乖,吃饭',她喊我们吃饭,我们要是不听话,她就说'不吃算了',然后就不管我们了,我们只好乖乖吃饭了。如果我们吃乱七八糟的零食也会被制止。"萌萌说,"妈妈的管教很有效,让我们养成了良好的生活和做事习惯。"

在大学里,萌萌的生活依然非常规律,学习还是很用功。当优秀已经成为一种习惯的时候,不管在哪里,都是自然而然的。

我们回顾这位妈的教育方法,不得不说,她真是太机智了!如果在孩子吃饭不积极的时候,妈妈只会对孩子责骂或者是惩罚,恐怕不能达到这么理想的效果。所以,面对孩子不爱吃饭的问题,父母一定要找对方法、对症下药,找到孩子吃饭磨蹭的原因。

导致孩子吃饭慢的原因有很多,不同年龄段也会出现不同的问题,主要有以下几点:

1. 身体原因

很多时候家长容易忽视孩子吃饭慢其实是身体不适或生理功能尚未发育

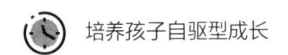

完善等导致的，比如以下三个常见问题：

（1）肠胃有问题：孩子肠胃容易感到饱胀，吃点东西就觉得不舒服，所以吃饭很慢，或者不愿意吃饭。

（2）牙齿有问题：比如上下颌咬合不紧密、缺钙等问题可导致牙齿在咀嚼一些高纤维的东西比如白菜、菠菜、韭菜或是牛肉时比较费时间。或因口腔较小，使嘴里一次性含不住很多食物，只能分很多次慢慢吃。

（3）动作失衡：孩子的肢体协调能力差，他们虽然会使用汤匙和筷子，但是却拿不稳，而且费时费力。

2.不爱吃饭或不饿

当天的运动量太少，上一餐吃得太多了或饭前吃了点东西，这些情况下孩子只能勉强吃一点，当然没办法吃得那么起劲了。或者当天做的菜不好吃，也可能大人的口味不合小孩的口味，孩子不爱吃。

3.不专注，喜欢边吃边玩

难以专心吃饭一方面是因为小孩子天生性格活泼，能量充沛，创造力和探索欲强，当食欲不足以使他们的注意力集中在吃饭这件事上时，他们就找一些其他更好玩的事情做，另一方面，因为孩子控制自己注意力的能力较弱，当注意力被转移到了一件比吃饭更有意思的事情上时，他们通常很难再将注意力转移回来。

4.常年被追喂，用吃饭来向父母提条件

有些孩子觉得是父母在求他吃，于是故意吃得很慢，以便在父母要求他快些吃时提出自己的要求，答应了要求就能吃得快。

5.一到吃饭时间就产生负面情绪

有些父母认为孩子吃得越多越好，总是给孩子盛满满的一大碗。孩子看见那么一大堆的食物就有压力，胃口自然就消失了。

以下是几点给我们父母的建议：

1. 把按时吃饭和不挑食变成一种规矩

和不爱吃饭一样，孩子还有其他很多毛病是被父母惯出来的。有很多父母和祖辈，把孩子当成家中的"小公主""小皇帝"。比如，一让孩子干什么，孩子就开始哭闹，此时家长就心软了，就"投降"了，就百依百顺了。等到孩子已经掌握了"任性"这个要挟大人的"法宝"，知道通过任性可以摆布大人以达到自己的目的，他的行为习惯便会无休止地恶化下去。当父母想要约束孩子时，会发现已经管不住了。为此，我们必须要明白，类似吃饭这样的日常活动，我们一定要为孩子立规矩，并且需要观察执行。

2. 孩子吃饭不听话，与其责骂，不如"冷落"

当发现孩子不吃饭的时候，不要即刻就发火，可以选择对孩子有意"冷落"。因为很多情况下，孩子就是想用不吃饭的方式来吸引家长的注意，一旦我们不以为意，他们反而能乖乖吃饭了。

3. 使用"强化"或"惩罚"，让孩子体会到不吃饭的后果

比如，孩子不吃饭，或是拿不吃饭要挟父母。那么，您就赶快收拾饭桌，让他好好饿一顿，这饿肚子的感觉就是最好的"惩罚"。又比如，没到穿裙子的季节，孩子犯拧非穿不可，如果其他办法不管用了，那么就让孩子去穿，受凉挨冻就是最好的教育。采用这一方法，一是要确保后果对孩子身心没多大的伤害，二是大人要狠下心。

其实，孩子吃饭磨蹭只是一种不好的饮食习惯，此时，爸爸妈妈不要动辄打骂，一定要智慧地处理这些问题，这样也有利于孩子的成长。

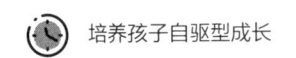

我就是不想写作业——孩子写作业磨磨蹭蹭怎么办

作业拖延是广泛存在于儿童学习当中的一种不良行为习惯，这种行为如果得不到及时纠正，延续到青少年和成年，会造成孩子时间和精力的巨大浪费，使其效率低下，还会降低孩子自尊心和自信心，并带来焦虑、内疚等消极情绪体验，对孩子的发展和心理健康极为不利。

下面是一位妈妈的教育苦恼：

我儿子叫小凯，今年12岁，六年级。从四年级开始，他就无法完成学习任务，逐步养成了拖延逃避的坏习惯。到了五年级，要学的知识越来越多，难度也逐步加大，学业负担加重，需要投入更多时间。这个时候，他的拖延行为就更加明显，在课堂上写作业时，其他同学都很认真，可他要么玩笔，要么和同桌说话，要么趴桌上一动不动，就是不愿意写作业，即使老师反复提醒也无济于事。往往是到了快下课时才开始动手写。

在家里，为了能让他好好学习，我们单独给他提供了一个书房，让他一个人独立完成作业，可是他在半个小时内却只写了6个字。即使我在一旁陪伴督促，他在写作业的过程中也会右顾右盼，摸东摸西。写的字缺笔少点，遇到难题也不愿意动脑筋思考，只会向我求助。孩子他爸经常因为儿子不能按时完成作业而把他狠打一顿，但无论我们怎么教育他，他依然我行我素，我们都愁死了。

和案例中的这位男孩一样，很多孩子学习上都存在作业拖拉的习惯：明明晚上八点能写完，非要拖到十点；周末的作业明明周五就能完成，非要熬到周日晚上。这让很多家长伤透了脑筋。在这里要强调一点，对有作业拖拉行为的孩子，家长要讲究教育方法，要因材施教，但不能过分严厉，尽量避免给孩子造成心理压力。以下是几点建议：

1. 改变思维，接纳孩子

父母之所以会对着孩子大吼大叫、抓狂不已，是因为家长觉得这些题目很简单，而且孩子已学过，所以孩子应该会，而且必须会！

但是我们这个惯性思维合理吗？很明显是不合理的。因为我们是站在大人的角度去理解，但于我们简单的题目，于孩子未必是简单的。

我们一看到他不会做，就固执地认为他是因为上课不专心听讲才不会。但回顾我们的学生时代，我们是否也有过望着老师、望着黑板，依然一头雾水的时候？

所以我们要从孩子的角度去理解孩子，走进孩子心里。只有真正理解孩子了，我们才能平心静气地想办法帮助孩子。

2. 放低要求，适当辅导

教育孩子要循序渐进，我们不能一开始就要求孩子达到某个高度。特别是对于作业磨蹭的孩子来说，我们可以先要求孩子自觉完成作业，不必要求孩子字字端正、题题正确。

对于孩子不会做的题目要及时给予辅导，耐心详细地为孩子解答。不一定强求孩子自己思考解答，以免难题越积越多，孩子产生畏学情绪。

3. 不作惩罚，多作鼓励

有些父母喜欢在孩子做完作业后又临时增加题目让孩子做，或者一发现孩子有错题，就要求孩子抄写重做。

这样没完没了地写作业，很容易让孩子对作业产生厌倦心理，让孩子变得不想写，或者故意拖慢速度。反正写完还有，又何必写这么快呢？

在孩子写得快、写得认真、写得对的时候，或者哪怕是有小小的进步时，我们也应该及时给予表扬和鼓励，强化孩子的进步表现。

4. 让孩子体验早完成作业的快乐

因为孩子习惯了磨蹭，所以体会不到早完成作业的快乐。父母可以给孩子创造早完成作业的机会，让孩子体验早完成作业的快乐，例如，让他们完成作业后自由玩耍。

5. 慢慢培养良好的作业习惯

孩子在体验过早完成作业的快乐后，虽愿意改掉磨蹭的习惯，但习惯要改掉也不是一朝一夕的事。在改掉磨蹭习惯的过程中，孩子有时也会发脾气不想改，甚至可能又回到原状。我们父母应该理解孩子，不责骂孩子，任由孩子发泄。发完脾气后，孩子会继续认真做作业，能专心做作业的时间也会越来越长，好习惯正在慢慢形成。

6. 逐渐放手

当孩子的好习惯养成，能专心做作业了，家长就要逐渐减少辅助的时间，让孩子慢慢学会独立解决问题、独立完成作业。

总之，方法得当，孩子写作业磨蹭的习惯是可以改掉的，有的孩子改掉一个习惯可能需要坚持一到两个月，有的孩子可能需要更长时间。但只要家长用心陪伴、耐心引导，孩子是会一天天进步，慢慢改正的。

我是个马大哈——如何纠正孩子粗心大意的坏习惯

我们都知道，对于孩子来说，细心是一种很好的生活和学习习惯，我们需要从小培养孩子细心的习惯，而马虎是细心的天敌，在孩子出生后，我们就要尽可能地加以引导，培养孩子凡事细心的品质与习惯。

不过，孩子原本是细腻的，粗心形成的原因复杂多样。其中有感觉系统因素，如有些孩子对感觉刺激的敏感性较差，而注意力又容易受干扰；也有知觉习惯的因素，如对知觉对象的反映不完整、分辨不精细；还有兴趣的因素，对感兴趣的事情比较仔细，对不感兴趣的事情马马虎虎等。而最重要的原因是，很多家长没有运用正确的教养方式。拿学习来说，一些家长从孩子一入学就对孩子的学习大包大揽，做作业似乎成了家长的事。孩子的一些不良学习习惯也就在不知不觉中养成了，他们从此会对自己的作业毫不负责。等到了高年级阶段，家长突然放手的时候，就会发现孩子的作业质量差得让人揪心。粗心的孩子往往是动手快于动脑，事先缺乏仔细的观察和全面的思考。这一情况随着孩子认知能力的提高会有所改善。但对于已经形成粗心习惯的孩子，则要对他们进行耐心的、细致的指导，帮助他们形成新的知觉、思维和行为模式。

纠正孩子马虎、粗心的习惯，是一件细致的、艰难的、反复的工作，需要家长高度的责任心和耐心,不可急躁,更不可以责骂孩子。因为被骂得情绪紧张、兴致全无的孩子只会变得更加粗心。以下是几点建议:

1. 从培养孩子的责任心做起

孩子的马虎粗心,最根本原因是缺乏责任心。一个有很强责任心的人,做任何事情都不可能马虎。所以要纠正孩子马虎粗心的习惯,要从责任心的培养做起。有了责任心,他自然能够小心谨慎地对待每一件事情,避免马虎。

家长们应少一些包办、少一些关照、少一些提醒,让孩子自己处理自己的事情,让孩子多承担一些家务劳动,多做一些力所能及的事情,以培养孩子的责任心。有时候家长要狠得下心来,让孩子吃"苦头"、受"惩罚"。

比如,上学前让孩子自己整理该拿的东西,如果他忘了,你也不要主动给他送去,而要让他受批评、受教育。再比如,孩子外出之前,让孩子自己准备外出要带的食品和衣物。家长只做适当的提醒和指导,不要大包大揽,也不要将自己的意志强加于孩子,等他少带了食品、少带了衣物,或落下别的什么东西,在外吃了苦头的时候,他自然会吸取教训,责任心自然会加强。等下一次外出的时候,他肯定不会粗心,不会丢三落四了。

2. 从培养好的生活习惯做起

我们发现,如果一个孩子的房里一团糟,鞋子东一只西一只,他的作业往往也会字迹潦草、页面不整,做事也会丢三落四、冲动任性,观察没有顺序、思考缺乏条理,表现出典型的马虎粗心的特点。因此,从生活中的小事做起,培养孩子良好的生活习惯,能减少孩子的马虎粗心。

常用方法是:让孩子整理自己的衣橱、抽屉和房间,培养孩子仔细、有条理的习惯;让孩子安排自己的课余时间和复习进度表,培养孩子有计划、有次序的习惯。通过改变孩子的行为习惯来改变他的个性,日久天长,孩子的马虎粗心就会渐渐改正。

3. 培养孩子集中精力学习的好习惯

有的家长，不管孩子是不是正在学习，都把电视机开着，或者自己打牌搓麻将，这些做法都会对孩子造成干扰，使孩子不能集中精力去学习，久而久之，孩子便养成了一心二用的坏习惯。有的孩子放学回家以后，总是先打开电视，然后边看边写作业，或者戴着耳机，一边摇头晃脑地唱着歌，一边做习题。试想，这样孩子怎么能聚精会神呢？因此，家长要以身作则，自觉自律地为孩子创造专心学习的环境，引导他们集中精力学习。

4. 培养孩子认真的性格

有些孩子马虎是和性格分不开的。一般来说，马虎粗心的孩子开朗、心宽、不计较。这是他们性格中的优点，应该加以肯定、保护，但这样的孩子也更易犯马虎大意的毛病。所以，更需要家长在性格上多加培养，引导他们遇事认真、谨慎处理。

认真是任何人要做好一件事情的前提，如果对什么事情都敷衍了事，草草出兵、草草收兵，必然做不好。然而认真、不马虎是一种习惯，要孩子克服马虎的毛病，需要家长的指导和帮助。光靠说教不行，要靠平日里的习惯培养，久而久之，孩子也就有了自我控制的能力，会把认真当成一种习惯。我们教育孩子，也就是要让孩子养成良好的习惯，具备良好的素质，才能挑得起未来独立生活的担子！

第 03 章

克服游手好闲，
培养孩子的行动力和执行力

  不少父母感叹，孩子做什么都磨磨蹭蹭、拖拖拉拉，真想拿根棍子跟在后面，催促他快点。但打骂孩子从来都是下下策，说不定会使孩子更加叛逆、做事更慢了，要改变孩子的这种习惯还是得从根上解决。孩子做事磨蹭、无所事事，究其原因，是孩子的执行力差。为此，我们有必要让孩子认识到时间的宝贵，并让孩子形成自动自发力，孩子的自律能力也就提升了。

不要浪费一分钟——让孩子懂得时间的宝贵

人们常说,时间是珍贵的,但也是在一分一秒中被浪费掉的,我们每个人一天只有24小时,所以应该珍惜时间去充实自己。的确,随着时代的进步,人们对时间的意识和控制也越来越强。著名的海军上将纳尔逊曾发表过一项令全世界懒汉瞠目结舌的声明:"我的成就归功于一点——我一生中从未浪费过一分钟。"达尔文说:"我从来不认为半小时是微不足道的一段时间。"大教育家夸美纽斯曾说:"时间应分配得精密,使每年、每月、每天和每小时都有它的特殊任务。"

现代社会,无论是对个人,还是对企业,"效率就是金钱"绝对不是一句空话。可以说,追求成功,必须追求效率。对于孩子来说,他们的人生刚刚开始,但同样要利用好每一分钟的时间。然而,孩子都有贪玩的天性,他们的时间意识淡薄,时间观念不强,所以行动力差,经常在玩耍和游乐中浪费了大把的时间,此时,就需要我们父母的引导和协助。我们不但要帮助他们训练时间管理能力,更要让孩子养成立即去做的习惯。孩子的行动力越强,收获就会越大。

以下是给父母的几点建议:

1. 让孩子认识、理解时间,认识到时间是不可逆且珍贵的

对于一些年幼的孩子来说,因为时间看不见摸不着,他们并不理解什么是

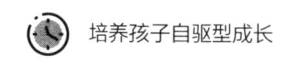

时间。为了能更直观地教孩子知道时间，家长可以从带领孩子认识闹钟开始。

你可以带孩子一起去购买闹钟，买孩子喜欢的样式，然后告诉他一天有多少小时、一小时有多少分钟、一分钟有多少秒，使他对一天时间有个详细的了解。

再如，在孩子做一件事时，你可以告诉孩子还有五分钟时间，然后让孩子自己体会五分钟的时长是多少。并且，对于限定好的五分钟要完成的任务，时间一到就马上截止，让孩子明白时间的可贵。

如果今天孩子的学习效率很高，提前半小时完成了学习任务，那么，接下来的半小时可以让孩子自主安排，让孩子做自己喜欢做的事，让他感受到珍惜时间的好处。

2. 拟定作息时间表，让孩子的生活变得有规则

父母可以根据孩子上学和放学的时间，为全家定制一个作息时间表，比如什么时候起床、早上什么时候出门、什么时候睡觉等，最好和孩子一起制定，让孩子有参与感。

不过，我们不必将时间定得太死，要留有余地，让孩子有一个养成习惯的过渡期。比如早上7:30起床，让孩子穿戴好衣服、洗漱好、吃好早饭，8点钟按时出门。如果时间还早，就让他自己分配剩余时间。如果孩子行为迟缓，耽误了时间，那么也要按时出门。

如果一些原本打算早上做的事，比如晨练，没有来得及做的话，那么就放学回来做。另外，作息时刻表不仅是为孩子制定的，父母也要严格遵守，并且家庭成员要互相监督。只要坚持下来，孩子就有了一定的时间观念。

3. 用"倒计时法"，增强时间观念

可能很多父母发现，孩子做事似乎特别磨蹭，比如吃饭，成人半个小时

能吃完，他们可能需要一两个小时，并且，如果是自己不爱吃的菜，他们可能需要更久的时间。这种情况怎么办呢？

这种情况下，我们可以提前多次提醒孩子最后的时间。比如，一顿饭如果规定了半小时吃完，那么，距离规定结束的时间还有15、10、5分钟时，你要不断地提醒他，慢慢地这样训练，一段时间后，孩子的吃饭速度就会快多了。

4. 使用"限时法"，提高时间使用的效率

以孩子写字为例，可能年幼的孩子在刚开始学写字时，每写一点就要给父母看一下，或者一边玩玩具一边写字，使原本10分钟就能写完的作业，最后可能耗时40分钟，甚至更长时间写完，这对孩子的学习极为不利。所以家长们可以引导孩子把作业分成几小段时间来完成，例如每段限时10分钟，在要完成作业的10分钟内集中注意力完成，慢慢帮助孩子提高时间的使用效率，一起培养孩子的专注力。

5. 什么时间做什么事，过期不候

无论是成人还是孩子，生活作息时刻要有规律，任何一件事，都要在规定时间内完成，时间过去了就追不回来了，过期不候。

例如，孩子在晚上睡觉前会有一系列事需要完成，比如洗澡、喝牛奶、刷牙、亲子阅读等，基本上都会安排在一个或半个小时内。但对于很多年纪小的孩子来说，需要完成的太多了，全部做完难度有点大，比如到了小朋友的洗澡时间了，可是他又想多玩一会儿，结果是每一件事都往后推，最后上床睡觉时有些事还没做完。如果因为孩子没抓紧时间，致使当天讲故事等奖励项目没有时间进行，就要把奖励取消掉，并且给孩子讲清楚，今天因为什么原因导致无法得到这些奖励，只能等到明天晚上才可以进行。有过几回这

种经历后，孩子就会在时间的分配上有很大改善。

总的来说，作为父母，帮助孩子认识到时间的重要性，强化他们的时间观念，从小就培养孩子对于时间进行合理分配和管理的能力，不仅可以帮助孩子养成良好的习惯，也会培养和锻炼孩子的意志品质，甚至影响其一辈子。

第03章 克服游手好闲，培养孩子的行动力和执行力

我就是不想动——孩子时间观念差，往往行动力差

"可怜天下父母心"，普天下的家长都希望能培育出色的孩子，而出色的孩子一大标准就是行动力强，能做到立即行动，即使没有家长的监督，也能恰如其分地执行。然而，大部分家长看到的是，自己似乎养出了一个极为懒惰的"小祖宗"，你让他干啥，他都一副懒洋洋的样子，无论是学习还是其他活动，只要你不催促，他就不做，即使做了，也是一拖再拖。其实，孩子有这样的表现，也是因为他们时间观念差。反过来，只有帮助孩子加强时间观念，才能提升他们的行动力，才能使他们珍惜时间，主动去做，在没有人监督的情况下，也能认真、专注地学习。

豆豆的爸爸妈妈都是数学老师。从小他们就培养了豆豆严谨的学习和生活习惯。虽然豆豆只有8岁，但是他却不需要爸妈吩咐任何事情。

每个周末的早晨，豆豆起床第一件事情就是摊开记事本，规划自己一天要做的事情，并且按照轻重缓急从上到下罗列开来。

接着，豆豆按照所罗列的任务单，从第一件事情开始做，做完一件事情才会接着做下面的事情。这样，根本不用大人督促，豆豆不但能很快地把作业做完，还有很多玩的时间，这令爸妈很高兴。

豆豆的爸爸妈妈也有这一习惯，他们会把每天要做的事情都记下来，然后按照所写的去做，通常不会把事情落下，效率也很高。豆豆在爸爸妈妈潜移默化的影响下，也养成了把一天的事情按重要程度罗列出来的好习惯，并且受益匪浅。

故事中的豆豆就是个自觉的孩子。很明显，任何一个孩子，一旦懂得珍惜时间，就能自觉、高效地学习，并能养成好的做事习惯，从而受益终身。

为了培养孩子的时间观念和超强的行动力，我们需要从以下几个方面努力：

1. 帮助孩子找一个行动的榜样

遍翻中外名人传记，你会发现，他们在孩提时代就训练出了超强的自动自发力，都懂得珍惜时间，这也是自制力的一种。你也可以为你的孩子找一个行动的榜样，让孩子学习他们身上的优点，进而培养自己的自动自发力。

2. 不要什么都为孩子包办，让孩子形成依赖

不少小学生行动力差，不是他天生就笨，他们的父母也不是不爱自己的孩子，更不是不愿让孩子得到最好的教育，恰恰相反，正是家长这份爱，这份无边的爱，使家长什么都为孩子包办，而忽略了对孩子动手能力的培养，剥夺了孩子自主表达的机会，扼杀了孩子自主自发独立解决问题的机会。

对此，从孩子的角度来说，要尽快戒除对父母的依赖，才能避免成为"小霸王""小懒虫""小磨蹭"，提升自己的行动力。

总之，时间观念强的孩子，具有高度的自觉意识，他们有主见、有创意、懂回报、有爱心、会学习、会思考、会交往，既乐观自信，又坚强不

屈，有数不胜数的闪光点。而这种能力的培养，需要我们从小对孩子进行教育，教导其从遵守时间开始，自动自发地对自己的一言一行负责，逐渐有能力去经营一个成功与快乐并存的美好人生。

急什么，还早呢——孩子做什么都拖拖拉拉怎么办

"小涛，去做作业吧，你都看了半天电视了。"妈妈一边刷碗，一边叫正在看电视的小涛回房间做作业。

"等会儿，再看完这集，我就去。"

"你刚才就这么说。再不去，你今天的作业估计都做不完了。"

"哎呀，妈妈，你真啰嗦。"

"过来一下，小涛，妈妈觉得有必要告诉你管理时间的重要性了。"

生活中和小涛一样爱拖拉的孩子太多了，这让很多父母很是苦恼。自古以来，我们常常被告诫要珍惜时间，孔老夫子也曾喟然长叹："逝者如斯夫，不舍昼夜！"生活中，作为父母，我们也常常告诉孩子韶华易逝、"少壮不努力，老大徒伤悲"的道理。但面对要完成的事情，孩子还是会尽量把事情拖到不能再拖的时候才拼命完成。比如，早上起床，直到要迟到了，他们才从床上起来；周日晚上了，才紧赶慢赶地做周末作业；要考试了，他们才发现有很多知识点没有复习到……对于所有的活动，他们都是能拖就拖。

对于他们来说，每个学期最盼望的就是放长假，一到长假，他们就可以暂时摆脱学习的压力，不需要每天按时上学、做功课，可以和伙伴们尽情地

玩。放假前，他们会对自己的假期有无限的憧憬，也会制订很多玩乐计划。但他们似乎都忘记了假期还有一个重要的任务——完成老师布置的作业。因为孩子们会认为，假期长着呢，先好好玩吧。

只要你催促他们，他们就会说："时间还早呢。"但假期毕竟是假期，早晚会过去，很快，孩子们发现，马上就要开学了，可是作业还没做呢。"一个星期肯定能搞定。"孩子们这样为自己打算着。但实际上，真到最后一星期的时候，他们发现，作业太多了、太难了，自己根本没有精力和能力完成放假伊始被自己看轻的假期作业。接下来，孩子们开始积极活动起来了，他们开始给同学打电话，开始走街串户，只为"借"作业"参考"一下，这样，他们用半天的时间就完成了一个假期的作业，悬着的心也落了地。

孩子们的拖拉其实是就是缺乏时间观念和行动意识的表现。其实，我们每个人都有这样的毛病，因为人们都愿意先享受轻松的时刻，将负担重的任务放到最后突击完成。但事实上，"临时抱佛脚"往往只是为了应付任务，结果也只能勉强过关。而当下次再遇到这样的情况时，孩子还会重复这样的做法。以这样的态度学习、生活，孩子又怎么能形成良好的习惯呢？因此，每一位家长，都应该注意这一点，决不能让孩子养成拖拉的习惯。

对于任何一个孩子来说，时间都是尤为珍贵的。一寸光阴一寸金，寸金难买寸光阴，任何知识的获得，都要花费时间。因此，我们要告诉孩子，要正确地认识时间的作用，不要荒废了大好的青春，要把时间观念当成追求成功成才的路上必须培养的品质之一。

事实上，不重视时间是所有人，尤其是孩子在学习乃至生活中的大敌。而养成守时、有序、高效的好习惯，是孩子一生受用不尽的财富。从人生成功的角度讲，统筹规划的意识和能力是一个要做大事的人取得成功所必须具备的一项重要素质，而这种素质只能在从小开始制订具体的学习计划并严格执行的实践中才能培养形成。

因此，作为父母，你的孩子如果也行事拖拉，那么，你一定要引起重视，因为这对于孩子的成长和其未来的发展是十分不利的，在日趋激烈的竞争中，磨蹭拖拉的人是很容易被社会淘汰的。因此，作为家长，我们要努力改变孩子拖拉的习惯。我们要告诉孩子：在考场上，面对题目繁杂的试卷，你能够拖延吗？时间就是分数！你的拖延很可能使自己无法按时答完试卷。慌忙之中，你乱了阵脚，看错题、来不及做题、思路混乱，不能发挥自己的正常水平。于是乎，本应是状元的你落榜了。由此可见，拖延的坏习惯是绝对要不得的！

拖拉这种坏习惯也容易引起内疚和焦虑心理，那些做事拖拉的人常常会受到一定程度的心理折磨。一些现代教育专家认为，人们拖拉的真正原因其实就是恐惧。而驱除恐惧的唯一办法就是迎向它，行动起来，尽早完成任务。与恐惧正相反，快乐是第一位的。我们要告诉孩子，既然问题不能逃避，那么，为何不先解决了问题再尽情地玩耍呢？如此感受快乐的心境和有事情没有完成的心境是截然不同的。

不过，孩子毕竟是孩子，他们对自己的行为缺乏一定的自制力，总是想先玩耍。对此，就需要家长要求他们在规定的时间内完成应该做的事，让孩子产生一种紧迫感。这样完成的作业，就比仓促之下完成的作业效果要好得多。当孩子养成"今日事今日毕"的好习惯后，他会终生受益。

当然，督促孩子并不是说要让孩子24小时都努力学习，当孩子做了一天的作业，真的身心俱疲的时候，家长最好不要去打扰孩子，更不要去逼迫孩子做事情。要知道，让孩子适当放松一下有助于接下来的学习更好地进行。

我对学习总是提不起热情——缺乏学习兴趣引发孩子学习怠惰

当今社会，只有努力学习，才会具备竞争力，这也适用于我们的孩子。知识是衡量一个人素质和修养的重要标准，而具备学习的动力是孩子学好知识的源泉。可以说，这种动力很大程度上应理解为学习兴趣。其实，孩子天生是好学的，他们两三岁时总对外界事物充满好奇。只是很多父母在教育孩子的过程中出现了一些认识上的误区，认为给足孩子物质条件，孩子就能学好，而忽视了培养孩子的学习兴趣，造成孩子内在的学习兴趣逐渐流失。事实上，孩子也正是因为学习兴趣的缺乏而导致了学习怠惰乃至厌学情绪的产生。

我们不妨看看在以下几种情况下，家长是怎么做的，这些做法又会对孩子的内在兴趣产生怎样的影响。

（1）当孩子向父母提问时，一些父母会把所知的全部告诉孩子，这样做，就会令孩子无法体验自己寻找答案的乐趣，因而扼杀了他们的内在学习动机。同时，更会让他们养成依赖及易放弃的习惯，令他们失去自学能力。

（2）当孩子请求父母帮忙做某些科目的作业，如搜集或整理资料时，不少家长都会帮忙，甚至会将其视为"家长作业"般尽心尽力地完成。然而，孩子却因此而失去了一次难得的学习机会，失去了通过作业学习沟通及资料处理等技能及培养多元智能的机会。

（3）当孩子被同龄人欺负时，相信很多父母的做法是替孩子出头，生怕自己的宝贝儿子或女儿受到伤害，但其实这样做也是不对的，这会使孩子变得更加依赖父母。这本是一次学习的过程，它可以培养孩子解决问题、保护自己及与人相处的能力。家长不妨根据孩子的心智成熟程度，与他们共同讨论应如何面对这种处境。我们要耐心地聆听他们的感受及想法，并鼓励他们从不同角度思考解决方案。

俗话说得好，"天生我材必有用"，培养孩子学习的兴趣，让兴趣这个老师督促孩子学习，孩子必能发挥其最大的潜能，并有所建树。而身为父母，应该顺应孩子成长的规律，不应该压抑孩子的好奇心、禁止孩子发问，反而要鼓励他们。因为长大后，他就不一定想知道那么多了。父母也应该多带孩子上街，让他们多接触新事物。

父母都希望自己的孩子既学得轻松愉快，又取得好成绩。学习兴趣是推动孩子学习的一种最实际的动力，它能够促使孩子自觉地去学。一般来说，孩子的学习兴趣与他们的学习成绩、学习信心是相辅相成的。他对某门功课有兴趣，学习成绩就会好，学习信心就会足。因此，父母对孩子学习兴趣的培养很重要。那么，如何去培养孩子学习的兴趣呢？

1. 尊重孩子的兴趣，把兴趣和知识学习相结合

很多父母认为，教育孩子，就应该让孩子成为一个全能型人才，于是从孩子一入学开始，就千方百计想让孩子学得好、懂得多，于是用各种学习活动把孩子的双休日、节假日都安排得满满的。事实上，孩子多学点东西是好的，家长这个出发点也是好的，但自己的孩子是否喜欢学呢？其

实，作为父母，关键并不在于强迫孩子学这一样、不学那一样，而是应该多给孩子一些自由宽松的空间，让他们自己去选择感兴趣的、喜欢的事。例如，有些孩子并不喜欢弹钢琴，而喜欢动手操作，搞一些小制作。而家长就认为这不应该是孩子的兴趣所在，加以阻止。其实，这也是学习的过程，在这样的活动中，不仅孩子的思维能力得到发展，他们的动手操作能力也会提高，况且孩子还会学得自觉、开心，为何要剥夺这样的学习机会呢？

家长不但不应该阻止这些活动，还要根据孩子的这个兴趣特点，为他们提供有关的书籍，创造机会让孩子参加一些相关的活动和比赛。许多事实证明，小时候培养的兴趣往往为一生的事业奠定了基础。有些父母对孩子寄托了很大的希望，但他们往往按照自己的主观意志去"规定"孩子的兴趣，而不是尊重孩子自身的学习兴趣，按发展规律培养孩子。这样往往反而会耽误孩子的发展，因为同样一套教育方法并不是在每个孩子身上都适用。

2. 了解孩子的学习能力

切记，千万不能把自己的理想模式强加给孩子。孩子有其本身的特点，而且每个孩子都有自己的特点，目标的制订要因人而异。而且，训练目标在制订后也应不断调整，使之始终与孩子的学习能力和发展状况相符。

3. 要让孩子有危机感，要给他适当的压力

父母不可能永远庇佑孩子，也不能呵护孩子一辈子，这是一个不可回避而且必须想清楚的问题。因此，孩子必须努力学习。这种压力也能转换为学习动力，但学习动力的形成最好不是靠灌输，而是要引导孩子形成自觉，让孩子自己分析得来。要让孩子对自己成长生活的小环境和社会大环境有正确清晰的认知，有危机感。对于大环境，而今大家的一句口头禅就是"现在是

竞争社会"。要让孩子明白,对这个激烈竞争的大环境,自己是应当热烈响应,并积极参与其中的——要让孩子真心向往竞争。

但要提醒的是,这危机感又要适度,不能不给孩子保留一定的安全感。有护佑,这护佑当然不是权势和金钱,也不是父母的代为操办,而是父母与他一起努力、一起奔跑前进,是交流和鼓舞带来的信心。

正确的教育造就成功的孩子,父母望子成龙、望女成凤的愿望需要建立在遵循学习规律的基础上。而培养孩子的学习兴趣,可以让孩子快速提高成绩,也可以减轻家长的负担和压力。具备实力的孩子定能在未来竞争激烈的大环境下出类拔萃。

学习没有方向——缺乏目标让孩子学习缺乏行动力

我们都知道，任何一个人，都必须要有自己的人生目标，否则就像一只无头苍蝇，找不到人生的方向。对于学习阶段的孩子来说，同样需要学习目标。学习如果没有目标，就如航海时没有灯塔，很容易迷失了方向；而及早明确自己应该学会什么，并确信这些内容值得一学，他们就会让目标唤醒内心自主管理时间的热情，就会自觉地、努力地学习。

美国的一位心理学家曾经指出："如果一个铅球运动员在比赛的时候没有目标，那么，他的成绩一定不会很好。如果他心中有一个奋斗目标，铅球就会朝着那个目标飞行，而且投掷的距离就会更远。"这个比喻非常形象，它生动地说明了学习目标的重要性。当孩子有了一个追求的学习目标时，才会不懈努力，向心中既定的目标前进。

因此，作为父母，如果我们希望孩子能主动学习并提升学习效率和学习成绩，那么，就要先帮助孩子明确学习目标。

一位以第一名的成绩考入某民办重点初中的女生在接受采访时说："学习首先要有明确的目标，有目标才有动力。拿我自己来说，我刚上小学就定了要考入这所初中的目标——当然这是一个长期的目标——有了这样的目标，我就能做到学习的时候不松懈，永远充满斗志。当然，目标要切合实际，目标太大、太遥远，会因为长时间达不到而挫伤自己的积极性；目标太小，又不能起到激励自己的作用。理想的情况是定一个比自己的能力高出一点，又能达到的目标。至于怎样去朝着自己的目标努力，我的总结是四个'多'：多思、多记、多问、多练。'多思'，是指要勤于思考，培养自己思考的深度。'多记'，是指用笔记下学习中的点滴收获，'好记性不如烂笔头'。'多问'，是指多和同学交流非常重要，做题时看看其他同学的思路，往往会很有启发。'多练'，是指要有针对性地做练习，巩固知识点。"

从这名女生分享的学习经验中，我们发现，盲目的学习是要不得的，策略的第一步应该是明确自己的目标，有目标才会有动力。明确的学习目标能对孩子学习活动安排和学业成绩都产生积极的影响。一些研究表明，完成同样的学习任务，如果提前制订了明确的学习目标就会比没有目标节省60%的时间。

那么，该怎样帮助孩子制订学习目标呢？我们先来看下面的故事：

一位父亲带着三个儿子来到沙漠中，他们的目的是猎杀骆驼。

到达目的地后，父亲问大儿子："你看到了什么？"

大儿子回答："我看到了父亲、沙漠和骆驼。"父亲没作声。

父亲又问二儿子："你看到了什么？"二儿子回答："我看到了父亲、哥哥、弟弟、弓箭、沙漠和骆驼。"父亲还是没作声。

父亲最后又问三儿子："你看到了什么？"三儿子回答："我看到了骆驼。"父亲满意地回答道："答对了。"

这则寓言说明，目标的关键就是"明确"。确定、分解学习目标的要点有三个：

（1）帮助孩子先确定大目标，并且细化到小目标，让孩子心里要有数。比如，你可以问孩子，高一要做什么，高二要做什么，高三要做什么，要具体到每一个年级。高三又可以划分为几个阶段，每个阶段要完成什么学习任务，甚至具体划分到每个月、每个星期、每一天学习任务是什么。

（2）孩子的学习计划要有针对性。

（3）制订计划后，鼓励孩子坚持完成。你要告诉孩子，大目标不能很快达成，但是你可以看到自己每天在努力，在完成每天的学习任务，距离成功又近了一步。基础差并不可怕，关键是要坚持不懈。你可能走了一千步还没有看到成功，但是不要放弃，坚持不懈，你会发现，成功就在一千零一步的地方。

总的来说，帮助孩子明确目标是提升孩子学习能力和时间管理能力的前提，而制订学习目标，需要我们父母从旁协助和指导，并监督孩子朝着目标奋进。

第 04 章

练就注意力，
让孩子形成高度自制力

生活中，我们常常提到"自制力"一词。自制力是一种抑制冲动的能力，是人们为了适应环境、与人合作、维持关系，进而更好地生活而进化出来的人脑功能，它使我们成为真正的人。无论做任何事，我们都需要自制力。对于成长期的孩子来说，高度的自制力和注意力密切相关。因此，我们父母要从小就培养孩子的注意力，教孩子学习和做事一心一意，让孩子养成理智且自制的好习惯。

为什么注意力总是不集中——了解孩子爱走神的心理成因

上课爱走神，常常东张西望，爱做小动作；写作业拖拉，常常边写边玩；做事三心二意，常常被周围的声音或事物吸引……我们知道，这是孩子注意力差的一些典型表现。有时候，孩子之所以无法集中注意力，是他的心理在作祟，也就是说孩子注意力不集中也有心理方面的原因。一般来说，造成孩子注意力不集中的心理原因可以分为以下几种：

1. 想要引起他人的关注

多多的爸爸在异地工作，很少回来，多多由妈妈一个人带，妈妈工作也很忙，平时除了要上班，还要照顾他的生活起居以及学习，很少有时间陪多多聊天和玩耍。

多多为了引起妈妈的关注，无论在什么场合，他都无法安静下来，一会儿动动这个，一会儿玩玩那个。即便是在家的时候，多多也不能消停：他总是会漫无目的地乱跑；吃饭的时候，他会一边吃饭，一边玩玩具；做事情的时候，他会一边做，一边观察妈妈的行动，要是发现妈妈突然起身去做其他事情了，他就会跟过去，一探究竟……

这里，多多之所以无法集中注意力，是因为他想通过这种方式来引起妈妈的关注，当他发现这种方法有效时，就会不断制造"麻烦"。如此一来，他的注意力就更无法集中了。

事实上，每个孩子都希望得到父母的关心，这是他们的心理需求。而不仅如此，到了一定年龄的孩子，更希望得到来自周围其他人的关注，这是他们的意识发展到一定阶段的必然表现。如果孩子因为某些原因而常常受人冷落，或者是父母很少关注他，他们就会通过这种制造"麻烦"的方式来获得关注。

对于这种情况，一方面我们要多关注孩子的心理需求，在平日里多关心他，多陪在他身边，一些工作很忙的父母，也要尽量抽时间和孩子多聊天，多与孩子相处，只要他的需求得到了满足，他的这种表现就会减弱；另一方面，我们不要在孩子"捣乱"时过分关注——他们很容易因为你的关注而得寸进尺——而要引导他认识到"拥有好行为，才能真正获得他人的关注"，同时我们要在孩子专心学习、做事时积极肯定和鼓励他。

2. 太在意别人对自己的看法

一段时间，丹丹妈妈陪着女儿去上英语班。她发现，女儿总是不能集中注意力听课，有时候还会回头看看她。这种情况持续了一段时间之后，她问女儿是怎么回事。丹丹告诉她，原来她希望得到妈妈的关注，看看妈妈对她的表现是否满意。

这种情况的确在很多孩子身上都会存在，有的孩子很在意妈妈、老师或其他长辈对自己的看法，所以经常是一边写作业或做事，一边抬头看看他们眼中是否流露出满意的眼神，如果是，孩子就会非常高兴；如果不是，孩子就会很失望，并开始担心自己哪里做错了，注意力自然也就无法集中在某一件事情上了。

所以我们要先调整孩子的心态，让他不要太在意别人对自己的看法，而是"只要尽心尽力做好自己该做的就足够了"。我们也可以引导孩子明白太在意别人对自己的看法的不良后果。比如，因为太在意而无法集中注意力，自然就不会把该做的事情做好，那么别人对他的看法自然就不会那么满意。当孩子明白了这些之后，相信他就会调整自己的心态，把注意力放在正在做的事情上。

3. 有"完美主义"的倾向

欣欣是个很认真的孩子，凡事都要做到最好，学习上也是如此。一开始，欣欣妈妈觉得这样很好，可是不久，负面影响就浮现出来了。就拿写作业来说吧，欣欣写作业很认真，不允许把字写得歪歪扭扭的，更不允许有错别字，如果写得不好或写错了字，她就会用橡皮拼命地擦，一定要擦得看不出来了才行，如果看出痕迹，她就会把整页纸都撕掉。然而当她越想做到最好时，就越容易出错，最终导致的结果就是无法集中注意力。

很多孩子可能都像欣欣一样，具有"完美主义"的倾向。当他们表现出色时，自我感觉就好；当他们犯错时，情绪就会很低落，进而影响做事或学习时的注意力。

对此，我们首先不要追求尽善尽美，给孩子定的标准不要太高、太完美，更不要一味地批评他做得不完美的地方，而是要让他客观地看待自己的优缺点；帮助孩子重新树立评价自己的标准，教会他肯定自己、欣赏自己、激励自己。

总之，当孩子出现注意力不集中的情况时，我们首先要观察影响他注意力的原因是什么，通过引导沟通，让孩子有一个正确的态度或处事方法，从而提升孩子的注意力。

我就是想玩玩这个、看看那个——孩子注意力不集中是自律能力差的重要表现

不少父母发现，孩子无论做什么，总喜欢玩玩这个、玩玩那个，这是他们注意力不集中的表现。作为父母，我们都知道，无论对于我们的工作还是孩子的学习，注意力集中都尤为重要。作为父母，我们也希望自己的孩子认真专注，但我们却经常因为孩子注意力不集中而感到焦虑。比如：

豆豆今年6岁了，豆豆妈发现，豆豆最近看到别的小朋友画画，都会驻足观看，于是豆豆妈在征求了豆豆的意见之后，就给豆豆报了绘画辅导班。没想到豆豆才去了两个星期，就坚持不下去了，每次画画的时候都没有办法静下心来，到最后画画这件事也就不了了之。豆豆父母也经常会听到学校老师的反映：豆豆上课的时候经常会走神，跟别人说小话，或者是手上玩一些东西。平常豆豆写作业时也是，写着写着，就开始玩了起来。经常手上不是要玩一个橡皮，就是撕张纸，总之没有看见她按照爸爸妈妈期望的那样很认真地做功课，就这样，本来一个小时的作业量，豆豆硬是磨磨蹭蹭花了好几个小时……

面对注意力不集中的孩子，家长们不是长吁短叹就是暴跳如雷，还有一些妈妈会大声训斥，以为这样就能帮孩子拉回注意力，可遗憾的是，大声吼叫只能维持几分钟的效果，孩子也只是在那一瞬间集中了注意力，但随后又会变成一个坐不住的"魔童"了。

也有一些父母，则会觉得孩子注意力不集中是因为孩子还小，不懂事，长大了就好了。但是研究表明，只有35%的孩子在成长过程中注意力会有所改善，65%的孩子注意力问题会伴随终身。注意力是一切学习的基础，是孩子通向成功的保障，所以，对于孩子注意力的问题，我们不可小视。

那么，对于这样的情况，我们父母要怎样引导呢？

我们唯有找到孩子注意力不集中的原因，才能对症下药，采取科学的方法，让孩子掌握集中注意力的方法。这比单纯地抱怨孩子注意力不集中，大吼大叫地训斥孩子更为重要。

以下是造成孩子注意力不集中的几大原因及针对性的建议：

1. 不断被打扰

其实，任何一个孩子，原本都有着很不错的注意力，如果家长经常有意无意地干扰到孩子，那么，就会导致孩子无法集中注意力做手头的事。

例如周末的时候，孩子原本专注于手头的水彩画，但是奶奶认为孩子已经画很长时间了，身体会疲惫，于是，奶奶就会端着一盘水果出现在孩子的书桌前，然后说："孩子，休息一会儿吧，先吃一点水果""孩子这是奶奶温好的牛奶，先喝一点牛奶补充体力吧""孩子，这是奶奶刚刚买好的点心，先吃两块再画吧"……而孩子在一次又一次抗议无效之后，终于妥协，听从奶奶的建议吃一些水果、喝一些牛奶。但是在做完这一切之后，却无法再集中精力继续画画了。

2. 身体疲惫

当孩子身体疲乏、精神力不足、虚弱多病的时候，身体上的不适感就很容易引起情绪上的不稳定，也会对孩子的注意力有所影响。

家长其实都可以注意到，如果孩子在晚上赶作业，其实更容易出现注意力不集中的情况，因为这个时候孩子的身体已经相当疲惫了，休息的时间也不充足，当孩子休息时间不充足时，精神力自然而然不能集中。

另外当孩子情绪不好的时候，因为情绪波动，也会难以集中注意力去做一件事情。

3. 多动症

多动症，又被称为注意力缺陷与多动障碍（ADHD）。对于儿童来说，如果他们在学习时无法集中注意力或者集中注意力的时间很短，并且容易情绪波动大、没有耐心，生活中也比其他孩子更加好动，那么，他很可能患有儿童多动症。

作为父母，我们都知道，孩子调皮很正常，但是如果一刻也停不下来，或者完全无法集中注意力，并对其学习、生活产生了不良影响，那么，就要考虑孩子是否存在多动症的情况。有些家长认为孩子的年龄还小，即使调皮捣蛋一些也是正常的情况，不应该限制孩子的活泼好动；即使孩子注意力不集中也无所谓，等孩子大一些再进行适当的引导纠正就可以了。但是这些家长们可能没有考虑到，孩子的一些坏习惯可能是多动症的表现，而多动症是一种神经发育障碍，需要进行专业的治疗。

俄罗斯教育家乌申斯基曾指出：注意力是我们心灵的唯一门户，意识中的一切，必然都要经过它才能进来。注意力是每个人都应该具备的基本能力，而家长更应该从孩子小的时候就注意培养其注意力，因为每一个人都需要一定的专注能力，才能够更好、更有效率地做一件事情。

如果孩子一直无法做到注意力集中的话，他的学习、人际交往乃至以后的工作都会饱受其害。无论如何，我们父母都要引起重视，尽早干预和纠正，以帮助孩子尽快调整。

一边学习一边玩——如何帮助孩子克服三心二意的坏习惯

作为父母,我们都知道,孩子无论是做事还是学习,如果能专心致志,一定能提高效率。孩子专注,也是自律能力强的一种表现,因此,教育专家认为,培养孩子的自律能力,重中之重是培养孩子的专注力。我们在日常生活中就要告诫孩子不要一心二用,在同一时间只做一件事。一次只做一件事,能训练其缜密的思维和对细节问题的关注,使其在未来社会的竞争中立于不败之地。

心理学家认为,一个人的专注力是需要后天培养的。而我们的很多孩子缺乏专注力,多与家长的教育有关系,如果在孩子幼年时期没有对他们进行过系统的训练,或是常让孩子一心二用,如边看电视边写作业,或是让孩子在一个嘈杂混乱的环境里学习,都有可能让孩子养成粗心马虎的毛病。但最重要的是父母未对孩子进行足够的责任心教育。现在的孩子多数是独生子女,父母包办得太多、关照得太多、提醒得太多,从而导致孩子责任心减弱,养成了做事三心二意的坏习惯。这样的孩子怎么能做事高效呢?

"我的女儿丹丹今年刚满4岁,很可爱。我们夫妻俩工作很忙,常年在外出差，照顾她的任务就落在孩子爷爷奶奶身上，但我们一有时间就过去陪她。因为丹丹是早产儿，身体多病，所以爷爷奶奶对她照顾很周到，总是担心她生病，并且零食和玩具都给她买很多。她经常是嘴巴叼着零食，手上还有布娃娃，家里电视还开着。丹丹两岁就上了幼儿园，学习接受能力都不错，就是好动，干啥都静不下心。老师跟我沟通过一次，希望我们家长能配合训练孩子的自制力和专注力。

"这个暑假，我们让她练习生字，且只让她写，不让她玩其他的，现在，丹丹的进步很大，即使玩玩具，也有耐心多了。"

这里，丹丹之所以好动，很大程度上是小时候和爷爷奶奶在一起生活的经历导致的，他们为了满足孩子的吃喝玩乐各方面的需求，同时给予她几种不同的"诱惑"，看上去并无不对，但却让孩子养成了一心几用的坏毛病。幸亏得到了及时纠正，否则，孩子自制力差，将来又怎样学得好，并取得成功呢？

那么，我们如何帮助孩子克服一心几用的坏毛病呢？

1. 培养孩子一次只做一件事的习惯

我们要告诉孩子，如果他决定了做事，那么就要做到专注，并且问自己："在这些要做的事情中间，哪件事最重要？"选出那件最棘手的事，然后保证自己在接下来一段时间内只专注于它。

2. 在家庭中训练孩子专注的习惯

其实，孩子三心二意的毛病不是只出现在学习上，家庭生活对此也有相当大的影响。例如，孩子在吃饭的时候要专心，不要多讲话；游戏的时候，不要一会儿玩这，一会儿玩那；看电视的时候，也不要不停切换频道。有句话叫"于细微处见精神"，父母必须从孩子的生活细节入手，严格训练孩子事事专心的良好习惯,才能根治孩子粗心大意的毛病。专心致志、心思细腻的孩子才有更强的创造能力、观察能力、记忆能力、逻辑推理能力和想象能力,才能更好地完成每一件事!

3. 制订一个合理有度的学习计划,让孩子一步步达成

目标不可太高太大,要让孩子跳一跳就能摸到,激发起孩子的上进欲望。这比一次给孩子很多目标效果好多了。

4. 与孩子一起阅读,培养孩子安静的性格

家长无论工作多么忙、家务如何多,都要抽时间和孩子一起读书、观察、讨论、交流心得,使孩子感受到读书之乐、学习之趣。另外可在家中设置一方读书角,多备孩子可读之书,营造家庭书卷气,激发孩子的学习动机,增强读书兴趣。

总之,专注是自律能力的重要方面,我们家长从小就要训练孩子一次只做一件事的好习惯,进而帮助孩子提升自律能力,在未来更好地成长成才!

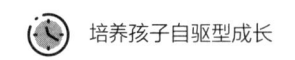

缺乏自律性——没有养成好的专注习惯

作为家长，我们都应该深知，专注是一种良好的助人成功的品质，而注意力不集中是很多孩子学习成绩不好、生活习惯不好的重要原因。相反，我们也可以发现，任何一个学习成绩优异的孩子，无不具有专注认真的学习习惯。

在刚过去的这一学期的期末考试中，小凯总成绩全年级第一。他的妈妈很开心，她说："小凯能够取得这样的好成绩，与他的踏实认真有很大的关系"。

小凯的爱好很少，因为他专注于学习，所以能够取得好成绩。他的妈妈说："小凯唯一的爱好就是练书法，每次他写字的时候，我们从来不打扰他，这让他从上中学开始就养成了做事专注的习惯。这次他考出好成绩，我为他高兴。"

这里，我们可以看出，小凯之所以能取得好成绩，其中一个重要的原因就是学习专注。托马斯·爱迪生曾说过："成功中天分所占的比例不过只有1%，剩下的99%都是勤奋和汗水。"对于任何一个孩子来说，在未来社会，他们只有专心致志于一行一业，不腻烦、不焦躁，埋头苦干，不屈服于任何困难，坚持不懈，才能取得优秀的成绩。而专注这种品格必须从小培养，从日常的生活和学习中培养。

然而，注意力不集中是很多孩子共有的毛病，很多家长为此非常担心，想方设法提高孩子的注意力。其实孩子注意力不集中，对以后的生活、学习以及工作都有比较大的影响，所以父母应该重视起来。具体来说，父母可以这样做：

1. 为孩子树立一个学习榜样

爱迪生就是一个专注做事的代表：

爱迪生曾经长时间专注于一项发明。对此，一位记者不解地问："爱迪生先生，到目前为止，你已经失败了一万次了，您是怎么想的？"

爱迪生回答说："年轻人，我不得不更正一下你的观点。我并不是失败了一万次，而是发现了一万种行不通的方法。"

在发明电灯时，他尝试了一万四千种方法，尽管这些方法行不通，但他没有放弃，而是一直做下去，直到发现了一种可行的方法。他证实了大发明家与普通人之间的唯一差别——大发明家只是一位持续尝试的普通人。

2. 协助孩子拟订计划

你可以告诉他，无论是学习还是做其他事情，都不能追求一蹴而就，而应该先拟订一个切实可行的计划，并努力做好第一步，然后努力做好第二步、第三步……如此各个击破，最终达到自己的目标。

3. 告诉孩子不要同时做两件或两件以上的事

可能你也发现你的孩子无论是不是在学习，都把电视开着，或者边玩游戏边学习。试想，这样怎么能聚精会神呢？这样不仅不能集中精力去学习，久而久之，孩子还会养成了一心二用的坏习惯。

因此，你必须帮他克服这一缺点，让他做习题时就专心地做习题，玩游戏时就痛快地玩游戏。经过一段时间，你会发现，他无论做什么事，都专注多了，而且最重要的是，效率也提高了很多。

总之，专注和认真是任何人做好一件事情的前提，如果对什么事情都敷衍了事、草草出兵、草草收兵，必然做不好。然而认真和专注还是一种习惯，要养成专注于学习的习惯，还需要身为父母的我们帮助孩子在平日里培养。

吵吵闹闹，静不下心——给孩子创造安静温馨的家庭环境

作为父母，我们都希望孩子能取得好成绩，能成才，于是，我们尽自己最大能力让孩子上最好的学校，给孩子请最好的辅导老师，但孩子依然无法集中注意力学习。为此，不少家长气急败坏，认为孩子太不听话了。但我们是否反思过，自己为孩子创造出好的家庭环境了么？现在，我们来回想下，当我们和朋友在家开聚会、打麻将时，是否对孩子说过"你回房间学习，不要出来"？当我们和爱人吵架时，孩子是否怯懦地站在一边，不敢说话？家中是否经常有很多亲戚朋友出入？试问：在这样吵闹的环境中，孩子如何集中注意力学习？即便是我们成人，想必也很难做到吧！

教育专家建议，作为父母，我们要给孩子创造安静、整洁、温馨的家庭环境，这对孩子注意力的培养非常重要。那么，具体来说，我们该怎么做呢？

1. 打造一个专门的学习场所

在有条件的情况下，为孩子准备一个专门的房间让孩子安心学习。房间要整洁、明亮，不需要繁杂的装饰，布置简洁舒适即可。电脑和电视不要放在孩子的房间里，玩具收起来放到柜子或箱子里，以免在孩子学习的时候分散注意力。没有条件的情况下，也最好为孩子准备一个学习角，安置书桌和

椅子，让孩子有一个安心学习的地方。

2.营造一个安静的学习环境

家长要为孩子准备一个安静的学习环境，让孩子能全神贯注地学习。在孩子学习的时候，家长要监督孩子远离电脑、电视机、手机和玩具等会分散孩子注意力的东西，不要让孩子一边学习一边做其他事。另外，孩子学习的时候，家长也要克制一些，不要在家里看电视、打麻将、大声谈笑，以免嘈杂的声音干扰孩子，让孩子难以静下心学习。总之，家长在孩子学习的时候，要尽量为孩子排除一切干扰孩子学习的因素。

3.营造一个勤学上进的学习氛围

父母是孩子第一位也是最好的老师，父母的一言一行对孩子的影响是很大的。家长勤奋好学，在工作之余也不忘读书学习、刻苦钻研，不断地充实自己，不仅能为孩子树立一个热爱学习的好榜样，也在无形中传达一个道理：学习是一件很重要的事情。在这样潜移默化的影响下，孩子会在不知不觉中提高对学习的兴趣，自觉地加入父母的行列，一起努力学习。因此，父母要以身作则，率先学习，在家中营造爱学习的氛围，做孩子学习的榜样。

4.营造一个温馨和谐的家庭环境

温馨和谐的家庭有利于孩子的身心健康成长，能给孩子足够的安全感，让孩子心无旁骛地投入学习中去，因此，父母要努力为孩子构建一个温暖、和谐的家庭环境。夫妻之间要相互尊重、相互理解，即便发生矛盾也不要当着孩子的面争吵，以免让孩子因此感到焦虑和不安；父母要多和孩子沟通，尊重孩子，赢得孩子的亲近和信赖，成为孩子最好的朋友，使孩子遇到学习上的难题，也愿意向父母倾诉，和父母一起寻求解决的办法。

5. 不要给孩子施加压力，告诉孩子只要尽力就行

作为家长，我们不要硬性地给孩子规定一个分数目标并让孩子去完成，应让孩子在一种良好的心态下学习。

一个学生说："每次考试前，我爸爸都会让我'不要太在意考试结果，只要尽力了就行'，这时，我心里一下子踏实了，像吃了'定心丸'一样，学习效率也明显提高。"可见家长对孩子的期望值不要太高。

6. 适当监督，不可唠叨

家长的唠叨是每一个孩子最惧怕的。作为家长，我们都希望孩子好，但我们说出来的话，孩子们都懂，他们更需要安静和理解。家长要对孩子的学习进行监督，但说话要少而精，要有分量，不要一句话说多次，否则孩子就会反感。

不得不说，环境对人的影响是很大的，良好的学习环境能起到激励孩子努力学习、促进孩子身心健康成长的作用。家长要为孩子构建一个良好的学习环境，让孩子全神贯注地学习和思考。

第 05 章

从生活入手，
培养孩子认真仔细的习惯

生活中，我们很多人都知道提升孩子自律能力的重要性，但是很多父母苦恼于不知如何着手训练。其实我们大可以从日常生活开始，培养孩子认真、仔细的习惯。比如，每天为孩子布置一点家务任务，在这一过程中，不仅可以提高孩子的自理能力，更可以培养其认真仔细的习惯。

预则立，不预则废——培养孩子做事的计划性

可能不少家长会发现，孩子做事似乎总是慌里慌张的：明明说好第二天全家郊游，但是到了目的地却发现不是少带这个就是忘了那个；到了学校后，发现忘带课本；学习上毫无计划性，总是临时抱佛脚……其实，孩子的这些不良行为，完全是缺乏计划性的表现，如果我们父母不加以引导，久而久之，孩子会经常在关键时刻"掉链子"，甚至错失人生中的重要机会。

为此，父母要着重培养孩子做事的计划性，告诉孩子，凡事预则立，不预则废，只有制订计划并按照计划实施，才能减少失误，保证效率。

我们先来看下面的案例：

林太太的女儿媛媛今年7岁，刚上小学一年级。开学的时候，老师就说要来家里做一次家访。林太太想让女儿来接待老师，因为在这之前，她就一直有意训练孩子接待客人的能力，而且这次来的客人是老师，如果女儿能谈吐大方、彬彬有礼地与老师交谈，对于提升女儿的自信是十分有帮助的。

不过，林太太担心一点：女儿毕竟还小，如果不给予指导的话，可能还是会手忙脚乱。所以，老师来的前一天，林太太就告诉女儿，老师要来家里做家访，希望媛媛来做这次接待的主人，让女儿有个心理准备；其次，她告

诉女儿，老师来了之后，要热情打招呼，并将老师迎进客厅，然后询问老师的口味，为老师准备茶点；最后，明确老师家访的目的，与老师大方交流。这个过程中，父母也会协助，但主要接待任务还是交给媛媛。

媛媛果然没有让林太太失望。做完家访的第二天，老师告诉林太太，媛媛是个很懂事又乖巧的孩子，而且，她只有7岁，就能如此待人接物，确实很难得。听到老师这样的赞美，媛媛更开心了。

这里，林太太对孩子的家庭教育可谓是用了心的，让孩子做接待客人的小主人，并告诉孩子做足准备工作，不但给予了孩子实践的机会，也避免孩子因经验不足而受挫，是对孩子接待客人的最好历练。

那么，在家庭教育中，我们如何教育孩子做事有计划性呢？以下是三点建议：

1.让孩子养成凡事做计划的习惯

凡事预则立，不预则废，有备才能无患。无论多小的事情，都要让孩子有做计划的意识。这道程序不能是简单的走过场，它不仅是锻炼孩子做事严谨的一种手段，也是让孩子锻炼独立的思考能力以及处理能力的机会，是让孩子更好地解决问题的重要前提。

2.让孩子主导计划的制订

父母帮助孩子做计划，不是将自己的所有想法都体现在本属于孩子的计划中，而是要问孩子，这件事他是怎么想的、怎么计划的。在父母的鼓励和示意下，孩子说出自己的计划，这时父母可以再根据具体情况，帮助孩子完善计划，给孩子分析什么项目可能遗漏了、什么项目可能没必要。有了父母的参与，不但能提升孩子做事的积极性，更能帮他们减少失败的可能。在这期间，从始至终使用建议的口吻，让孩子有"自己是计划的主人"之感。

3. 指导孩子制订合理的学习计划

合理的学习计划是提高孩子成绩的行动路线，是帮助孩子成功的有力助手。没有学习计划，学习便失去了主动性，容易造成孩子东抓一把、西抓一把，总抓不住学习的重点，因而被其他同学远远地甩在后面。因此，家长要切实地指导孩子制订合理的学习计划，这就等于为孩子找到了促进学习进步的金钥匙。帮助孩子制订严格的学习计划，养成守时、有序、高效的好习惯，是孩子一生受用不尽的财富。

让我自己来吧——提高孩子的动手能力

一天，某幼儿园开家长会，老师特意给父母们布置了一项家庭作业——教会孩子剥鸡蛋皮。一位妈妈在下面小声地说："这多为难孩子啊，我家女儿还不知道鸡蛋长什么样呢！"老师觉得很奇怪，孩子都这么大了，怎么会不知道鸡蛋什么样子呢？那位妈妈继续说："我总怕煮鸡蛋的蛋黄会噎着她，到现在还一直只给她吃鸡蛋清。"在场的老师和父母们都惊呆了。

这位妈妈真的很爱自己的女儿，在日常的生活中大包大揽，什么事都替孩子做好，导致孩子上幼儿园了连鸡蛋的样子都没见过。这样的爱摧毁了孩子的动手能力，最终将会导致孩子一事无成。

科学研究证明，手部的活动和精细动作能刺激人的大脑皮层的运动中枢，反过来，运动中枢也能调节人手部的精细动作。换句话说就是手部活动能促进大脑的发育及其功能的完善。苏联著名教育家苏霍姆林斯基也说过："儿童的智慧在他的手指尖上。"还有心理学家认为，手指是"智慧的前哨"。这些例证足以表明手部动作是多么重要。动手能力是一种最基本的而又十分重要的能力，父母在训练孩子自驱力的时候，不妨从培养他的动手能力开始。

这其实并不难，只须家长停止事事代劳，鼓励孩子自己动手，并形成规矩。具体来说，生活中提高孩子动手能力的方法有很多种：

1. 父母要告知孩子"自己动手，丰衣足食"的道理

功夫不负有心人，成功的桂冠只属于那些锲而不舍、坚持不懈的人。一分耕耘才有一分收获，自己动手，能丰衣足食。从古至今，每个成功人士的背后都历经沧桑，但他们面对困难都是迎难而上、锲而不舍，为了理想奋发进取，最终取得成功，硕果累累。

2. 让孩子在日常生活中学会照料自己

孩子学会走路之后，活动范围明显扩大了许多，这时的孩子非常愿意做些事情。但是他们手、脚的协调能力还不完善，做起事来常常笨手笨脚，家长千万别因嫌孩子麻烦或碍手碍脚而剥夺孩子学习劳动的机会，此时应该耐心且反复地给孩子做示范，让孩子跟着模仿，孩子慢慢地就会从不熟练到熟练，最后自如应对各种劳动了。父母可以教孩子自己学会系鞋带、脱衣服、叠被褥、收拾自己的房间、洗一些简单的东西等。

比如，当孩子具备一些动手能力后，就可以让他洗自己的衣服了。但是如果孩子比较懒惰，不愿意自己洗衣服，那么，我们不能粗暴地批评，而要进行耐心的说服教育，帮助他逐渐学会洗自己的衣服，并鼓励他向自理能力强的同学和朋友学习，早日提高自己的自理能力。

3. 鼓励孩子参与力所能及的家务劳动

孩子也是家庭的一份子，他们可以帮助父母做一些家务，家长要引导孩子多参与家务劳动，可以是一些很小的事情，如扫地、擦桌子、洗碗筷等。也可以有意创设一些需要孩子动手的情境，比如，当孩子放学回家而父母还没下班的情况下，可以让孩子先煮好饭；周末，孩子也可以抽出半天时间帮父母进行大扫除……这虽然都是一些小事，却能锻炼孩子的自理能力。

如果孩子不愿意做家务，我们可以把家务进行分工，比如父亲负责清扫房间，妈妈负责做饭，孩子负责喂养宠物或洗碗等。这样，孩子会逐渐认识到自己的职责，也就逐渐能养成自理的习惯。

4.父母要多鼓励和赞扬孩子

当孩子努力去做了或做得很好时，家长要立即予以称赞和鼓励，以调动孩子的积极性，增强孩子的自尊心和自信心。这种鼓励尽量不要以实物的形式，比如给孩子买玩具、买好吃的东西等，因为这样容易刺激孩子的虚荣心，时间久了，反而会阻碍孩子的健康成长。很多时候，父母一句简单的"你真棒！""孩子真是长大了！""干得真不错！"就能让孩子受到鼓舞，下次还想自己动手。

另外，在孩子刚开始进行家务劳动的时候，家长还应该注意以下几个方面的问题：

（1）考虑孩子的实际情况，布置劳动任务不要超出孩子的能力范围，以免孩子因挫折而产生抗拒和畏惧的情绪。

（2）"多容忍、少责备"，在指导孩子的时候，口气要温和，有耐心、有步骤地教导孩子学习。面对孩子越帮越忙，甚至把现场弄得一塌糊涂、乱七八糟的情况，要耐住性子，教孩子改正及示范正确方法。

（3）在让孩子学习家务的过程中，父母要一起参加，不要让孩子产生"孩子不需要做家务"的错误观念，应该让他认识到，"家"是属于每个人的，所以屋里的每一件事，大家都有义务去做。

（4）安全问题也是不容忽视的，不要让孩子接触一些危险物品。

总之，我们父母要明白的是，一旦孩子具备一定的自理能力，家长就要适当放开手了，给他们一个锻炼自己、提高能力的机会吧！

保持整洁——引导孩子学会收拾和整理

生活中，我们经常看到有些家长唠叨自己的孩子邋里邋遢，什么东西都乱放，到用时却找不到，每次找东西都花很长时间。这样的孩子很难有自我管理意识，更别说高效了。其实，孩子拥有好的整理习惯会让其受益一生，而且对锻炼孩子的注意力也大有裨益。在收拾和整理东西的过程中，孩子需要充分调动双手、四肢和脑，这一过程能培养他们的耐性和专注力，所以家长不可不重视。

然而，我们看到的现实的情况是，家长为孩子包办一切的做法仍很普遍，使孩子连生活中最基本的收拾、整理能力都没有。这些家长是这样做的：

马上要迟到了，孩子还在磨磨蹭蹭穿衣服，算了，我给他穿吧。

看到孩子的房间乱七八糟，算了，我替他收拾吧。

孩子说要洗碗，怕他洗不干净，算了，我自己洗吧。

这些现象在生活中随处可见，家长承包了孩子所有需要整理和收拾的任务，却似乎没有注意到，这样做相当于饮鸩止渴，剥夺了孩子锻炼整理能力的机会，会有以下坏处：

1.使孩子缺乏自理能力

孩子不懂得整理，就会难以独立料理自己的生活和学习。爸爸妈妈应该在孩子有行为能力后就教导他做一些力所能及的小事，让孩子明白自己的事情要自己做，别人遇到困难了也可以及时给予帮助。

2. 使孩子养成懒惰心理

孩子不懂得整理，慢慢地会变得越来越懒惰，小时候自己的事情不肯自己做，长大以后很多事情也会懒得去做。这就是孩子的惰性在作怪。

3. 使孩子做事、学习效率低

不懂得整理，会降低孩子做事情的效率。小事做不好，在工作、学习上遇到事情就更加解决不好。因此，要想以后孩子有所作为，在孩子小的时候就要开始培养他的整理能力。

4. 容易产生依赖心理

有位母亲这样抱怨：

"我35岁才有儿子，所以我格外珍惜这个孩子。我对他宠爱有加，生怕有什么闪失，几乎没舍得让他做过任何家务。慢慢地，连儿子都认为妈妈就是在家里伺候他和爸爸的，于是能干的事情也不愿意去干，总是妈妈长妈妈短地叫个不停，而我也因为不满意儿子做的一些事情，干脆彻底不让他自己动手了，结果儿子的依赖心理越来越重了。"

不得不说，现在的孩子大多是独生子女，他们生活在优越的环境里，备受长辈的呵护和关爱，他们在家里的一切都由父母包办代替，他们是家中的"小太阳"。一切生活琐事都无须自己动手，潜移默化地就养成了依赖别人的习惯。

的确，孩子不懂得整理，家长若总是代劳，慢慢地就会让孩子觉得家务事并不是自己的责任，自己不想做的时候别人来帮助自己是正常的。这样就会造成孩子长大也不会自己独立完成任务的后果。

因此，家长必须重视这个问题，要从小引导孩子自己收拾整理东西。在孩子有了一定的动手能力后，教会他主动去收拾整理，不仅可以帮助他发展能力，还能让爸爸妈妈的劳累程度大大减小。其实，想要让孩子学会整理并不难，只要爸爸妈妈做到以下几点，孩子就能够简单地学会整理：

1. 告诉孩子保持房间干净的好处

可以给孩子讲讲，干净、整洁的环境能让他们很快地找到他们的东西，比如当他们需要衣服时能在第一时间找到，并且衣服放在衣柜里也会让他们的房间看起来更整洁，他们的玩具伙伴们也会"生活"得更舒适。这样，孩子们就会越来越喜欢整理自己的房间。

2. 可以让孩子感受一下房间脏乱带来的后果

比如，孩子把脏衣服随手扔在地上而不是扔在篓子里，那么他们就没有洗干净的衣服可以穿；如果孩子不爱惜、不收好自己的玩具，那么玩具可能被损坏或丢失。这是教孩子注意保持房间卫生很好的办法，甚至都不需要家长惩罚，孩子就会乖乖整理好。

3. 创造一个能使孩子便于整理、乐于整理的环境

比如，专门给孩子安排一个角落，用来放置去幼儿园用的衣服和物品，并标上新鲜有趣的记号；在孩子出入方便的地方，准备一个固定的放衣服、鞋、袜的架子；准备一个大的箱子，用来放玩具；准备一个低层书架，用来放书。

4. 当孩子将房间整理得很整洁时，家长要不忘赞美

可以夸孩子，说"房间收拾得真好真干净""衣服叠得也非常好"，这样孩子就会受到鼓舞，更易保持爱整洁的习惯。不过，物质奖励也不能太多，这会使孩子产生整理房间就有奖励的想法，那么若没有奖励，孩子可能

就不会主动整理房间。过度称赞孩子的勤快,也可能会使他们认为他们本不应该打扫房间。

不得不承认,爱玩是孩子的天性,像整理房间这样的事情,他们如果觉得没有乐趣,才不会去做。其实整理房间并不是一件非常困难的事情,家长可以通过一些"小伎俩"来提高孩子们整理房间的兴趣,给他们创造动机。

书桌太乱总是静不下心——让孩子学会整理书桌

生活中,作为家长,我们羡慕那些学习起来十分认真且效率高的孩子,因为他们自律性强,总是能将学习和生活权衡得井井有条。现在先来参观一下某位孩子的书桌:在他的书桌的左上角,放着一盏台灯,就好像一位顺从的仆人一样守在那儿;笔筒里放着一些常用的铅笔和圆珠笔,旁边可能还有一个文具盒(笔袋),也许书桌上还有一台电脑。电脑上没有东一张西一张的便利贴,更没有那些乱七八糟的草稿纸,一切看起来舒服极了。也许你会说,我的孩子书桌也是如此,果真如此吗?

然而,我们真正看到的是什么呢?大概是:杂乱无章的桌面、胡乱放置的课本、被随意丢弃的草稿纸,还有那些课外书、报纸、水杯等,如果孩子突然想起来需要什么,就不得不在这些"垃圾"中翻找,甚至要找个底朝天。试想一下,在这样的环境中,孩子的学习效率怎么能提高?太多的时间浪费在寻找东西上了。

所以,一个自律性强的孩子是不会允许自己的桌面如此杂乱不堪的。美国著名的管理学家蓝斯登说:"我欣赏彻底的和有条理的工作方式。那些成功人士,当你向他询问某件事情时,他会立刻将相关文件从文件箱中找出。当交给他一份备忘录或计划方案时,他会插入适当的卷宗内,或放入某一档案柜中。"

当你要求孩子整理书桌时，他可能会说，随意的书桌让他学习起来更轻松。但实际情况呢？当他把头埋进一片废纸堆的时候，他的心情会轻松吗？想必那些堆砌的资料只会让孩子急得满头大汗。更糟糕的是，凌乱的东西会随时分散他的注意力：一个小纪念品、一张画片都有可能突然出现在他的视线里，从而扰乱他的学习进程。

另外，学习环境的整洁与否，反映着你的孩子是否是个有条理的人。书桌杂乱无章，也会给他一种消极的心理暗示：我要学习的内容有很多，一切毫无头绪，从而让他丧失信心、加大压力，降低了学习的效率。

请看下面这个例子：

冬冬今年马上升初一了。他成绩优异，是同学们羡慕的对象。但只有他自己知道，他的压力太大了，他每天把大部分时间都放到了学习上，寒假的时候，他除了睡觉外，几乎都待在房间学习，甚至连好好睡个觉都觉得是奢侈，因为他总有学不完的内容。

最近，他又要参加一个辅导班，这下子他更忙了。一个多月以后，他感觉自己的精神快要崩溃了，于是他在爸爸妈妈的带领下去看心理医生。

他的脸上写满了紧张和恐惧，他不知道如何是好，在医生的疏导下，他说出了自己的痛苦："我的房间里有三张大书桌，上面堆满了东西，我现在一看到它们，就觉得自己每天都要学习。我好像永远都在忙。我觉得压力好大，好辛苦。"

在冬冬说完这些话之后，心理医生知道问题出在哪了，他建议冬冬：房间里只留一张书桌，并清理干净桌面，当天的事当天必须处理完毕。冬冬听从了医生的提议，从此，他觉得一切轻松、简单多了，无论是做事，还是学习，效率都提高了。

看完冬冬的故事，我们应该都能明白保持书桌整洁的重要性了吧！千万不要以为桌面整洁只是美观一点，要知道，保持整洁的学习环境表明你的孩子是个自律的人，同时这也是条理化学习的需要。

其实，引导孩子整理书桌的过程，也是整理思路的过程。我们要告诉孩子，不管学习多么忙，都要把书桌收拾得整洁、有序。如果他在晚上学习，那么，在他睡觉之前，让他把明天必用的、稍后再用的或不再用的书本或资料都分门别类放置好。保持这个习惯，他第二天的学习也将变得有条不紊，简单而快乐。

那么，我们该如何帮助孩子为书桌做"瘦身运动"呢？

1. 挑选合适的书桌

你只需要为孩子挑一个样式简洁、稍大点儿的书桌就可以了，因为它有较大的空间，放电脑也不会碍手碍脚。要用电脑时，把椅子转个方向就可以了。

2. 善用抽屉进行收纳，桌面上只留必备品

再来看看孩子每天伏案学习的桌面，那些东西真的是他所需要的吗？是不是有太多小文具，诸如铅笔、圆珠笔、文件夹、订书机、转笔刀之类的东西，他的书桌肯定有抽屉，将它们都放进去吧！

是不是觉得有点不方便呢？再简单的书桌，还是要把那些必备文具用品摆到手边的。但一定要记住，只摆出那些使用频率最高的文具！

3. 替换掉桌面上可能带来混乱的物品

每天学习到深夜，他肯定会渴，原本他想去拿手边的一个东西，但却不

小心打翻了牛奶,满桌子都是牛奶渍,甚至还洒到衣服上,他会又气又恼,但有什么办法呢?这是他自己犯的错误!要不换一下牛奶杯吧?你可以为他选择一个带杯盖的,这样,不但能保证牛奶的温度,还能避免牛奶洒漏。另外,如果你的孩子的确是个笨手笨脚的人,那就买一个重量沉、宽底小口、像金字塔般稳当当的杯子,它会老老实实地待在桌面上的。

现在看来,一切完美了,即使现在突然停电,孩子也会找到他想要的东西。最后,为了让孩子有个好心情,你可以将他喜欢的明信片、照片或全家福放到他可以看见的地方,简化学习环境并不意味着他不能保持自己的个性!

自律的孩子不乱花钱——培养精打细算、会花钱的孩子

如何看待金钱、获取金钱、使用金钱,涉及金钱观。那么,什么是金钱观?简单地说,金钱观就是对金钱的认识,对其分配与使用方法的思考及相应的行为模式。

毋庸置疑,树立正确的金钱观对于一个人有很大的重要性:正确的金钱观,指导我们理性地对待金钱,通过合乎道德与法律的正当途径挣钱,把钱用到对国家社会、对他人有益的地方,用到有利于自己发展、实现人生价值的地方。金钱观的形成,是一个长期的过程,家长要从小培养孩子正确的金钱观。现在,很多孩子在很小的时候,就认识"钱"这个神奇的物品,但是对钱的观念却是后天培养出来的,如果家长能多给予孩子一些正面的教育与示范,就能为孩子未来处理金钱相关的事务奠定一个良好的基础,也能让孩子养成自律的习惯。

培养正确的金钱观,并不意味着要让孩子和金钱隔离开。家长自己要明白,金钱不是罪恶的,不要让孩子对钱产生神秘感,也不要让孩子以为钱是天上掉下的"馅饼"。生活中,很多家长抱怨"孩子昨天要钱,今天要钱,可这些钱却没有全部花在学习上",为孩子花钱不心疼而头疼不已。可寻根究底,家长未对孩子进行适当的金钱观教育是造成孩子奢侈浪费的重要根源

之一。孩子不管在哪个阶段都会有"金钱主义",如果你没在家里教会他正确的金钱观,而是把这块空白留到他离开家、步入社会之后才来填补,那就很容易失控。那些孩子上大学后拿学费上网、玩电子游戏,出国后用学费买跑车的案例,都是父母早期的金钱教育缺失或错误造成的。这告诉家长,要为孩子制定花钱的规矩,让孩子学会精打细算,首先就必须让孩子对金钱有个全面的概念。家长不妨从小教孩子掌握一些金融知识和金融技能:

3岁,应学会识别硬币;

4岁,学会用硬币买简单商品;

5岁,知道管理少量零花钱,知道钱是劳动得到的报酬;

6岁,会识别大面额纸币,知道简单的零钱找换;

7岁,懂得阅读价格标签并确认自己有无购买能力,保证找回的钱数正确无误;

8岁,知道估算所要购买商品的总成本,知道节约以应对近一个月内的购买需要,懂得在银行开户存钱;

9岁,知道订立简单的每周开销计划,购物时知道货比三家;

10岁,知道每周储蓄小笔钱以在必要时购买较贵的商品,学会阅读商业广告;

11岁,知道进行较长期的银行储蓄,了解储种、利率,学会计算利息,知道复利的原理;

12岁,知道明智投资的价值,懂得正确使用一般银行业务中的术语,并知道钱来之不易,应该珍惜;

13~15岁,可尝试一些安全的投资工具和服务,知道如何做预算、储蓄和初步投资;

16~17岁，要学习一些宏观经济基础知识，了解简单的金融工具之间的相互关系。

让孩子从小有良好的金钱观，培养精打细算的孩子，家长除了让孩子明确钱的概念之外，更重要的是，从自身做起。在这个充满诱惑的社会中，作为家长，只有以身作则，首先给自己树立一个良好的心态，建立起正确的金钱观，然后慢慢引导孩子，从生活中的精打细算开始培养他的理财能力。这样，孩子一定能勤俭节约，做到"君子爱财，取之以道，用之有度"，以正确的金钱观作为立世之本。

第 06 章

加强时间观念，
强有力的时间意识能提升孩子的自律能力

现代社会中，不少孩子是家中的"小皇帝""小公主"，父母的包办和安排让孩子不会合理安排自己的时间。很多家长常常会面临这样的情况：孩子写作业时，总是玩玩这个、搞搞那个，让他做个手工，做着做着没了耐心，或者嫌太难，不想做了，一点毅力和耐心都没有。这都是孩子自律性差、不会掌握管理时间的表现。我们在培养孩子的学习能力的同时，也要教会孩子如何支配和管理自己的时间，孩子只有认识到时间的可贵，懂得合理支配时间、利用时间，才能有紧迫性，进而提升其自律性和自觉性。

时间总是不够用——教会孩子做好时间管理

很多家长常常会面临这样的情况：孩子写作业时，写着写着就分了心，或者嫌太难，不想做了，于是就做起其他的事，把必须完成的作业往后拖。然后你问他为什么没做完作业，他就说，时间不够用。其实，这就是孩子时间观念差的表现。时间观念差，孩子做事时就容易东张西望、注意力不集中。我们要训练孩子的自律性，就要为孩子建立起紧迫的时间观念，且要教他们管理自己的时间。那么，父母该怎么样培养孩子的时间管理能力呢？

1. 让孩子学会珍惜时间

可能很多家长会认为，孩子年龄还小，再让他玩几年，到了一定的年龄，他会知道学习的；还有一些父母认为孩子不能放过任何空闲的时间。这两种教育观念都是极端的，真正的珍惜时间，是指该学的时候就认认真真地学，不要去想另外任何的东西，该玩的时候就痛痛快快地玩，也不要去想学习。光玩不学不行，光学不玩不行，边玩边学也不行，社会不需要"玩才"，社会也不需要书呆子。家长要让孩子努力学习，珍惜时间，但也要给孩子以空间，还时间于孩子，指导孩子合理安排属于他自己的时间。这样，我们的孩子才会更快乐！

2. 教孩子安排事情的主次先后

父母可以帮助孩子把复杂的工作分解一下，再制订一个进度计划。就拿写作业来说，父母可以试着让孩子调整写作业的顺序：一般先做简单的，再做有难度的，因为人的最佳学习状态应该是在开始学习的十分钟以后，这样安排可以让孩子在渐入佳境之后再处理有挑战性的任务；口头作业和书面作业也可以交替做，这样不会太乏味。

父母每天让孩子把一天的任务写下来，教孩子分出哪些是重要的，哪些是次要的，哪些是必须做的，哪些是可做可不做的等，进行一个先后排列，然后让孩子根据排列的先后顺序去做事，这样就会提高孩子的时间管理能力。

3. 教会孩子统筹安排

孩子会统筹安排，才会在同样的时间内做更多的事情，提高时间的利用率。

小贝与丽丽是二年级的同班同学，又是好朋友。一次轮到两人值日时，小贝与丽丽比赛谁的效率高。他们约定每人打扫一半教室、擦一半黑板。

比赛开始了，小贝首先去打水，把水洒到自己要扫的一半地面上，然后在等待水干的同时，去擦自己负责的那一半黑板。而此时的丽丽却急忙去擦黑板，擦完黑板后再急忙去打水。这时的小贝已经把黑板擦完了，而教室的地也刚好能扫了，她就动手扫了起来。

丽丽把水洒在地上，却不能立即扫，她只有眼睁睁看着小贝把地扫完，而自己还没有动笤帚呢。丽丽此时才理解小贝先洒水的用意。"这样可以节省时间啊。"她不禁暗暗对小贝表示佩服。

对于一些年纪较小的孩子来说，他们做事情大多都是完成一件事情后再去做另外一件事情。父母要教孩子学会几件事情交叉安排、同步推进，教孩子根据任务的特点与需要的时间统筹安排，这样能够节约时间。

4. 帮孩子养成科学的作息规律

科学的作息规律，不仅有利于休息，还能提高做事的效率。父母根据孩子的特点，帮孩子制订一个合适的、科学的作息安排，这样不但会使孩子的睡眠得到了保证，还能避免孩子在课堂上打盹，从而提高时间的利用率。

目前，我们的孩子最需要培养的是自律能力和统筹能力，当孩子学会自律之后，就要让他学会统筹安排自己的时间和学习的顺序。孩子面临的情况往往是几件事都得做，或者都想做。那么应该怎么办？不是让孩子不做这件事而去做另外一件事，而是合理的安排时间，把每件事情都做好。教会孩子管理时间，让孩子养成做事有条不紊的好习惯，这对于孩子今后的独立生活大有益处！

学习娱乐两不误——让孩子规划好自己的学习和娱乐活动

生活中，我们父母经常听到孩子抱怨学习太累、休息时间不足，想要无忧无虑地玩耍。而我们也纳闷，孩子除了学习什么都不用做，怎么会累呢？其实，这一方面是因为孩子没有合理规划好自己的学习、娱乐以及休息，而另一方面，孩子心理负担重，就容易注意力不集中，学习效率不高，进一步加重学习、娱乐和休息时间的失衡。为此，我们父母必须要明白，只有解除孩子的心理负担，并让孩子有足够的时间放松和休息，学习和考试时轻装上阵，才能达到理想的效果。

所以，我们父母一定要让孩子学会劳逸结合，懂得放松自己。

从三年级下半学期开始，彤彤觉得自己很累，好像永远有做不完的作业、看不完的书，就连他最喜欢的电视剧，也没有时间看了。紧张的学习压力让他喘不过气来。

爸爸是个细心的人，他看出来儿子的变化。于是，他和妻子商量，带儿子出去玩一天。

这个周末，彤彤一家三口一起去爬山。爬到山顶的时候，爸爸对彤彤说：

"当心理状态不佳时,你可以暂时停止学习,放松一下。有一些小窍门能起到立竿见影的效果,如深呼吸、绷紧肌肉然后放松、回忆美好的经历、想象大自然美景等。另外,平时学习的时候,也不能太努力了,一定要注意劳逸结合,学习之余可以去爬山、聊天、听音乐、打球甚至蒙头大睡,这样既可以暂时转移注意力,也可以缓解大脑的缺氧状态,提高记忆力。这些方法都可以释放内心的压力。记住:劳逸结合,学会缓解,才能学习得更好。"

"谢谢爸爸,我知道该怎么做了。"彤彤说。

作为父母,尽管我们知道学习对于孩子的重要性,但不可一味地给孩子加压,压力越大,孩子越容易产生心理负担,效果适得其反。那么,我们如何教会孩子合理规划时间,做到学习娱乐两不误呢?

以下是几点给父母的建议:

1. 告诉孩子要劳逸结合

孩子学习努力是好事,但不能太过疲劳。你应该告诉孩子:首先要保证睡眠,晚上不"开夜车"。如果睡眠不足,要抽出时间补回来。另外,要适当参加运动。若时间允许,可在平时唱唱歌、跳跳舞或者参加一些集体娱乐活动。在看书、做作业间隙,做做深呼吸、向远处眺望等。

2. 与孩子制订学习休息表,告诉孩子该学习的时候学习,该玩的时候玩

一个孩子说:"'该学习的时候学习,该玩的时候玩!'母亲嘴中总是念着这句话。是的,该学习的时候学习:我和妈妈做了一个作息表,周一至周五毫无疑问是学习,只要上课认真听讲,多和同学交流,把错误的题及时弄会,是很容易学好知识的。周六完成老师布置的作业,再完成课外的练习。该玩的时候玩:每个周日妈妈都会带我出去玩,在玩的过程中也能学到

东西。"

3. 留出一些机动时间

不少父母，忙碌了一天才睡，他们会将自己和孩子的一天排得满满的，但一遇到突发事件，就手忙脚乱了。其实，我们应该告诉孩子，要学会合理规划时间，留出一些机动时间处理突发情况；即使没有出现这些突发事件，也能给自己一个放松和休息的机会。

4. 带孩子出去走走，回归自然

作为父母，我们不妨多抽出一点时间，陪着孩子多出去走走，让孩子感受一下自然的伟大和神奇。尤其是那些山清水秀的地方，更是排解心理压力的好去处，在神奇的自然面前，所有烦恼都会烟消云散。

5. 体力排解法

体力排解，也就是人们常说的通过运动排解压力。这里的运动，包括很多种，可以是力量、耐力型的运动，比如长跑、打球、健身等，也可以是智力型的运动，比如下棋。从事你喜欢的活动时，原来不平衡的心理自然逐渐回归平衡。

6. 鼓励孩子与人交往，走出狭小的生活圈子

生活中，人们都有压力，也就需要有一些为自己减压的方法。很多时候，人们都会选择与人交往的方法，因为当你融入人群的时候，你会有种感觉：大家都跟我一样有压力，就看谁能够调节过来。当你认为你跟大家都一样的时候，你的压力马上就会减轻。

7. 对于年龄较小的孩子，要注意方法，最好能寓教于乐

有一些父母在孩子很小的时候就想让孩子识字，但他们却不讲教育方法，仅仅在纸上写几个字，让孩子照葫芦画瓢，进行模仿。这样的教育，孩

子毫无兴趣，自然也学不好。而父母便认为孩子是在偷懒，往往采取惩罚的手段。这样的教育方法，只会让父母累、孩子苦，而收效甚微。这种教育方法还会造成孩子的逆反心理，在将来上学后，孩子也会对学习发怵，甚至出现逃学的行为。

因此，对孩子进行早期教育，我们一定要重视方法，最好能寓教于乐，因为对于婴幼儿阶段的孩子来说，原本他们大部分的时间都应在玩中度过。因此，当你的孩子开始在草地上摸爬滚打的时候，千万不要喝止孩子，这是孩子锻炼平衡和灵活性的最佳机会。如果你的孩子大一点了，你可以放手让他和同龄孩子一同游戏。这样，在玩乐中，孩子的智力、想象力、创造力、与人交往的能力等都得到了锻炼，这些都是将来孩子接触社会时必须掌握的基本能力。

因此，我们可以说，让孩子在婴幼儿时期有充分的玩乐机会，对于孩子的智力和非智力因素的发展都是极为重要的，同时，也能避免孩子出现某些身心上的障碍。

总之，我们父母要明白，孩子的学习单纯靠挤时间是没用的，世界上有比时间更重要的东西——效率。因此，我们一定要在告诫孩子努力学习的同时，帮助他们学会如何充分利用时间，如何做到该学习的时候学习、该娱乐的时候娱乐，做到学习娱乐两不误。

言必行,行必果——孩子不守时的行为要及时纠正

前面,我们已经提及,作为父母,教会孩子珍惜时间、管理时间的重要性。但同时,我们还要让孩子明白,我们不仅要珍惜自己的时间,也要珍惜他人的时间,这就要求我们做到守时。可能在很多父母看来,孩子不守时无伤大雅,但我们要知道,一个守时的人,才能真正地取信于人。

的确,当今社会,诚信的重要性已经日益凸显,守信也是与人打交道的第一原则。我们若想在人际交往中站住脚,就必须说到做到,"言必行,行必果",对于我们的孩子来说也是如此。

因此,我们在培养孩子良好的时间观念的同时,也要把守时作为培养的重要方面,并且要贯穿到孩子现在的学习和生活中。我们来看看下面这个故事:

周五刚刚放学,天空就下起了一场大雨。

小佳望着哗哗啦啦的雨,不知道该怎么回家了。

这时候,她的好朋友小芳看见了,就对她说:"小佳小佳,你是不是没有伞呀?来,我借给你。"

小佳非常高兴,可她看看小芳,又说:"我打了你的伞,那你用什么呀?"

小芳从书包里拿出雨衣,说:"没关系,幸好我今天带了雨衣。"

小佳点点头说："好的，谢谢你，我明天一定还给你！"

说完，就和小芳挥挥手，回家去了。

第二天，大雨还在哗啦啦的下着，小佳却要拿起雨伞往外跑，小佳妈妈看见了，忙说："孩子，雨这么大，不要出去了，伞呀，周一上学再还给小芳吧！"

可是小佳却认真地说："不行的妈妈，我答应了小芳今天还给她，就要今天还给她，不能食言的！"

小佳妈妈听了，弯下腰，摸了摸小佳的脸蛋儿，欣慰地说："好孩子，咱们做人呀，就应该守时守信！"

一个人守时，换来的就是他人的信任，自然也就能获得大家的尊重；反过来，如果一个人无故迟到或失信于人，那么，他失去的是一个人的信誉。所以，失信于朋友，无异于失去了立身于社会的根基。为此，在守时这一问题上，我们要这样教育孩子：

1. 在日常生活中就要增强孩子的责任感

我们一定要让孩子明白，做人做事一定要"言必信，行必果"，因为只有这样，我们才能取信于人，也才能有进步。而要做到讲信义，就必须加强做人的责任感。如果你无法赴约，那么，最好不要事先答应别人。

2. 告诉孩子对他人做出承诺前要三思，要考虑到它的可行性

我们要让孩子知道，你一旦答应别人赴约，那么，就一定要努力实现，即使你很难做到，你也不能食言。如果真的出现意外状况而不能及时赴约，那么，你就要放下面子，及时诚恳地向对方说明实际情况，请求谅解。

3. 及时纠正孩子的不守时行为

人都会犯错，包括没有守时。成长中的孩子也是，当我们发现孩子的不守时行为后，要让孩子认识到行为的错误性，主动找对方道歉。生活中，我们成人也要为孩子做好守时的榜样，对别人要讲信用、负责任，与人约会，约定好的时间就一定要出现，如果出现意外情况，一定要予以说明。

总之，作为父母，在孩子年纪还小时，我们不但要督促他们赶快积累知识和能力，也要注重对孩子进行德行和修养的培养，其中就包括守时的美德。而对于孩子不守时的行为，父母一定要及时纠正。

做事总是手忙脚乱——帮助和引导孩子做时间规划表

生活中,不少父母和孩子已经认识到效率在我们的生活、工作和学习中的重要性,但却很少有孩子真正能充分利用时间,提高做事和学习效率。这是因为他们缺乏计划性,而让生活和学习充满计划性的很重要的一点就是制订时间规划表。

也许孩子们认为制订时间规划表是一件费时费力的事,然而,如果不做计划,那么,他们很容易陷入混乱中。比如,在很多要做的事中,他们很难分辨出哪些事是重要的,也很难判断哪些事要优先处理。因此,作为家长,我们要引导和帮助孩子做时间规划表,只有这样,孩子才能在学习和生活中做好平衡,能抽出更多时间娱乐。

制订时间规划表,要根据孩子的个体情况而定,每个孩子的条件不一样,时间规划表如果由孩子自己制订则会更好执行。我们不妨先来看看下面这位学生的心得:

马上就要期末考试了,要考试就要复习,然而,我认为复习绝不能毫无计划性。首先,必须要制订时间规划表,然后督促自己按照规划表去复习。

那么,这个规划表要怎么去安排呢?包括哪些内容呢?在制订规划表之前，我认为应该先给自己做一个中肯的评价，确定自己的强项和弱项在哪里，并且要考虑剩余的复习时间，比如离考试还有两周，那么，你的复习进度应该如何安排。

制订复习的计划，首先在时间上要有大致的安排。比如现在只有周六和周日有大块的复习时间，那么，就可以用周六和周日全天集中复习，比如上午复习语文、英语，下午复习数学。现在考试有三科，每科不一定要花均衡的时间。如果英语比较弱的话，可以花30%～40%的时间来攻克它；如果数学比较强，可以只花10%的时间。一般来说，这个时候自己的弱项一定要多花一点时间。

对某学科中的薄弱部分也是一样，比如每天有两小时复习语文，在进一步分配时间时，如果你的古诗比较弱，就要多分配一点时间。

不难看出，案例中的这位学生的复习时间安排是合理的。那么，在日常的生活和工作中，该怎么制订具体的时间表呢？作为父母，我们不妨引导孩子制订以下三种尺度的时间规划：

1. 长期的活动安排表

这可以是一年的，也可以是一个月的，总之是对较长时间段中重要活动的安排。因为时间较长，为了避免忘记，你可以让孩子把这份活动安排表抄在一张大一点的卡片上，贴在桌子上或夹在笔记本里，这样他就不会弄丢了。更重要的是，孩子还可以设想表中没有活动安排的时间就是他可以用来做其他非必做任务的时段。

2. 详细的作息时间表

如果有一份作息时间表作指导，有些人会做得更好。作息时间表是一张扩大的总时间表。假如你的孩子到了高年级，学习很紧张，那么他会需要一份详细的作息时间表。这种时间表只要在每月开始时制订一次就可以了。

下面是小峰妈妈为他安排的作息时间表及她所遵循的原则：

上午六点到七点：准时起床，可以避免吃早餐时狂奔乱冲和狼吞虎咽（或干脆不吃）。

下午十二点到一点：用满满一小时的时间来从容地吃午饭。

五点到六点：晚饭前放松一下。孩子已经认真地学习了一天，这是应得的补偿。

七点到九点：身体是革命的本钱，不要忽视运动对身体的益处。

九点到十点：避免开夜车，做一些简单的阅读工作，然后就寝。

3. 每日事项表

你可以为孩子制订一张能随身携带的每日事项表，一张学生证大小的卡片正合适，孩子可以将它放在口袋里，这样，他需要的时候就可随时查看。

每晚睡觉前，可以督促孩子看一下总时间表，了解一下第二天要去做哪些事，哪些事要先做完，哪些事并不着急，并且有多少空闲时间，然后让他在一张卡片上写上第二天的大致计划：要办的事，体育锻炼，娱乐及他想参加的其他活动，给每一项活动规定时间。这样花费五分钟是非常重要的。这是因为：

第一，把安排记在卡片上随时可查阅，这样孩子的脑子不会一片混乱。

第二，能将未来的一天先在脑子里过一遍，好像这样就开动了一个心理闹钟，孩子能按照预定的时间行动。

第 07 章

恼人的学习问题，如何让孩子认真学习

作为父母，大概我们最大的期望就是望子成龙、望女成凤，而学习成绩从一定角度上来说就是衡量孩子当前阶段成就的重要指标。然而，孩子毕竟是孩子，缺乏对学习规律的了解，也缺乏一定的自律性，很容易在学习时因为各种因素而无法专心，这就需要我们的指导。这时，我们要注意方式，要用孩子可以接受的方式培养孩子的学习兴趣，激发孩子的求知欲，传授正确的学习方法，从而让其爱上学习，并提高学习效率。

总是忍不住打扰别人——孩子上课时经常违反课堂纪律怎么办

俗话说："没有规矩，不成方圆。"任何自由都是建立在一定的约束之上的。可以说，对于在学校学习的孩子来说，如果不遵守课堂纪律，课堂就是一盘散沙。然而，不少父母有这样的苦恼：孩子在课堂上总是违反纪律，不但自己不认真学习，还打扰了别人，老师已多次就此问题与家长沟通。其实，孩子违反课堂纪律，很多时候并不是刻意为之，而是自律性不强的表现。要解决这一问题，还是要回到帮孩子提升注意力上。

对于有这一问题的孩子来说，不遵守课堂纪律通常只是他们行为中的一个表现，他们会不顾客观环境，想说什么就说什么、想做什么就做什么，不听从别人的劝告和阻拦，由着性子来。孩子的任性是一种不良性格特征的苗头，对孩子的成长很不利。而现代社会，很多父母误以为教育孩子就是满足孩子的一切要求，正是这种有求必应，让孩子形成了这样的坏毛病。如果每个孩子都把这种坏毛病带到学校里，在上课时都不遵守课堂纪律，老师就没办法上课了。

那么，作为家长，我们要怎么帮孩子避免和解决课堂纪律问题呢？

1. 告诉孩子遵守课堂纪律是基本的礼仪，想要受同学欢迎和尊重，就必须遵守课堂纪律

作为父母，我们要告诉孩子，在学校以及与他人相处过程中都要遵守一定的礼仪，这是一个人素质的体现。不遵守课堂纪律，会让其他同学厌恶。

珠珠虽然是个女孩，但她在班里却不像别的女孩那样讨人喜欢，因为她简直就是班上的"捣乱大王"：老师让小朋友们排队离开教室时，她在地板上爬来滚去地疯；小朋友们聚精会神听老师讲故事时，她推推左边的同伴、拍拍右边的同伴，不停地捣乱；做游戏的时候，珠珠又很霸道，她喜欢的玩具就要独占，不让其他小朋友碰……

有一次，小朋友们在玩"开火车"的游戏，一个小朋友当"火车头"，由"火车头"邀请其他小朋友上火车，小朋友们在老师的钢琴伴奏下，骑在小板凳上"咔嚓咔嚓"一起前进。"开火车"是小朋友们都爱玩的游戏，但是每次玩的时候，无论谁当"火车头"，都不会邀请珠珠上车。看着其他小朋友兴高采烈地开着"小火车"，坐在一边的珠珠显得特别孤独……

小朋友们都不愿把珠珠当成自己的好朋友，不邀请珠珠上自己的"小火车"。显然，珠珠成了班级团体里不受欢迎的人物。因为她捣乱、淘气、霸道，小朋友都躲着她，避免被她干扰或被别的小朋友认作珠珠的同类。而孩子在同伴群体里不受欢迎的位置一旦形成，几年时间内这种位置都难以改变。珠珠属于性格外向、活动水平较高的一类孩子，也就是说，她比较喜欢动，而很少对安静的活动感兴趣。所以，在要求安静的活动中，她容易出现"捣乱"行为。而对于集体生活的一些规则，比如排队、保持安静等，珠珠接受起来有些困难，这就和她的家庭环境及父母的教育方式有关了。

其实，这样的状况对于成长中的孩子来说是危险的。每个孩子都希望找到自我价值感和归属感，这是他们不断努力和奋进的动力，但周围同伴的远离使得这些孩子变得孤独，长此以往，会阻碍孩子交到真心的朋友，也会阻碍孩子形成良好的人际关系。但反过来，若孩子能认识到遵守纪律能帮他们在班级中得到认可和接纳，他们通常便不会再抵触这样做。

2. 与老师沟通，减轻孩子的课堂焦虑情绪

焦虑是一种情绪状态，是一个人自尊心受到威胁时产生的情绪反应。适度的焦虑可以有效地激励孩子学习，而过度焦虑则可能影响孩子学习并引发问题行为。很多情况下，孩子的课堂违纪行为就是他们焦虑的结果。

实际上，学生是否遵守课堂纪律，在很大程度上取决于老师对学生的态度及师生关系。如果老师能真正关心、爱护学生，学生不仅会遵守课堂纪律，还会维护、支持老师的工作，帮助老师维持课堂纪律。

3. 培养孩子尊重他人的意识和习惯

我们要让孩子明白，友谊是一笔宝贵的财富，而要获得友谊就要懂得从他人角度考虑，就不能不遵守课堂纪律。遵守课堂纪律，既是尊重老师的表现，也是珍惜学业与集体的行为。面对孩子在学校不遵守课堂纪律的状况，我们要与学校和老师一起努力，帮助孩子纠正不良行为，让孩子爱上课堂，爱上学习。

培养孩子自驱型成长

学习内容太多让人烦躁——切实指导孩子制订合理的学习计划

可能很多家长会发现，你的孩子很懂事，自律性强，学习积极性高，即使你不叮嘱，他也了解学习的重要性，知道要做个优秀的同学，努力学习，希望可以走在队伍前列，然而要学习的内容太多了，他们似乎总是力不从心，这让他们很心烦，而越是心烦，越是没办法认真学习。这是为什么呢？

心理学家认为，人在目标过多的情况下反而无法集中注意力，对于孩子来说，如果学习任务多、缺乏计划，就容易产生焦躁情绪而无法继续投入学习。针对这样的情况，其实我们应该为孩子制订一个合理的学习计划。制订一份合理的学习计划，就等于为孩子找到了促进学习进步的金钥匙。帮助孩子制订严格的学习计划，养成守时、有序、高效的好习惯，是孩子一生受用不尽的财富。

学校每个月的家长会又来了，这次家长会的主题是"如何帮助孩子高效学习"，形式是诸位家长一起交流心得，互换教育意见，为孩子找出更好的学习方法。在这一点上，班级学习委员周丹的母亲似乎很有经验。

"周丹是怎么学习的呀？"很多家长询问周丹的母亲。

"听说,你们家周丹并不是每天晚上做题到深夜?我每天让我们家王刚做好多习题,可是学习成绩就是不见好啊!这是怎么回事呢?"

"是啊,我看我们家儿子也是,每天回来忙忙碌碌的,有时候,饭都顾不上吃,努力学习,可学习成绩还是处在中等水平。"

"孩子学习任务越来越重,得重新帮他制订一个合理的学习计划了,不然学没学好,玩没玩好,孩子是两头受累啊!"周丹妈妈的一句话惊醒了在座的很多家长。

当然,孩子的学习计划应该由他自己来制订,家长所要做的应该是一些从旁协助的工作:帮助孩子把学习计划完善合理、监督孩子执行、结合实际情况提出修改意见等,而不是越俎代庖,按照自己的意愿亲自制订。

那么,父母应该怎样帮助孩子制订学习计划呢?最好遵循下列几点要求:

1. 合理安排时间,制订出作息时间表

比如,你可以让孩子制订出一张作息时间表,让他在表上填上那些必须进行的活动和所需的时间,如吃饭、睡觉、上课、娱乐等。安排好这些活动的时间之后,从余下时间中选定合适的、固定的时间用于学习,要注意留出足够的时间来完成正常的课后作业和阅读。完成这些后,你要检查一下他在时间上的安排是否合理,比如,每次安排的学习时间不要太长,40分钟左右为宜;学习不应该占据作息时间表上全部的时间,总得让孩子给休息、业余爱好、娱乐留出一些时间,这些对学习也很重要。一张作息时间表也许不能解决孩子所有的问题,但是它能让你了解孩子如何支配这一周的时间。

2. 学习任务明确,目标切合实际

孩子制订完学习计划后,家长应当加以审核,要确保孩子学习任务明确，目标符合实际。因为很多孩子制订学习计划时，总是雄心勃勃，一天的时间恨不得要完成一周的任务。这样不切实际的目标往往是计划不能正常执行的主要原因。

还有一些孩子，制订的学习计划很模糊，比如，晚饭后背外语、睡觉前温习课文等，这种计划看似没有什么错误，但实际效果并不如意。因为，这种任务虽然可以给孩子一种学习的方向感，但并不具体，以至于孩子到了执行计划的时候，会不知从何开始。如果把目标再具体细化到晚饭后背单词十个、睡觉前温习第几课课文、晚上八点半整理出三角形公式这样的任务，效果会更好，而且如此具体的任务分配也有利于孩子自检任务完成情况。

3. 学习计划应与教学进度同步

父母在帮助孩子制订学习计划的时候，一定要注意这点，只有这样，孩子才能把预习和复习纳入学习计划中。这就要求，在制订学习计划时，要以学校每日课程表为基准，参照学校老师的授课进度，再让孩子结合自己的学习状况制订计划。计划有很多种，比如每日学习计划，可为某门落后的功课或某门感兴趣的功课多安排些时间；还可以制订单元或专题复习计划，集中攻克一类知识点。

4. 计划应该简单易行且富有弹性

要考虑整个计划是否有一定的机动灵活性。正常情况下，计划都应该严格按时完成，但孩子的生活受很多因素影响，难免会有特殊的情况，所以就要求计划不能过于僵化死板，要有一定的灵活性，才不至于因为一个环节不能完成而打乱后面的所有计划。同时，学习计划也只是一个学习的构想，千万别把计划定得过于详细、紧凑，否则会束缚孩子。而且，如果刚开始孩子没有保质保量地完成学习计划，也不可责备甚至训斥孩子，因为这样会挫伤孩子学习的积极性。

家长在帮助孩子制订计划后，还要监督和协助孩子执行计划，通过科学地安排、使用时间来达到这些目标，要保证充足的睡眠、合理的进餐与有序的学习相结合，否则，即使再完美的计划，也只是纸上谈兵。

为什么我学习起来这么累——好方法帮助孩子学习更高效

父母都望子成龙、望女成凤,也都希望孩子有个好的学习成绩。然而现实中,我们的孩子似乎一直很努力,成绩却总是提升不上去。其实,只要认真观察,你就会发现很多孩子虽然看似在学习,但是因为不得要领,学习效率很低,而越是效率低下,越是无法认真学习,这又反过来加剧了孩子学习上的困难。对此,作为父母,我们应该根据孩子的个性特征,为他们制订一套适合他们的学习方法,这样,孩子学习起来不累了,也就专注多了。

晓晓是班上的学习委员。从小学开始,学校"光荣榜"上一直都有她的名字,在她的同学和老师眼里,晓晓似乎从未在学习上犯难过。很多同学都向晓晓取经,问她有什么宝贵的学习方法。

晓晓说:"我觉得这要得益于我妈妈的指导。以前我学习总是靠死记硬背,但是效率很低,很多知识根本记不住。后来我一坐到书桌旁,就没办法静下心来,有时候思绪不知道飘到哪里去了。后来,在妈妈的指导下,我开始调整自己的作息时间。做完作业以后就睡觉,这样第二天早上会醒得很早,一般你们大概是六点多钟起床,我五点就醒了,而这段时间,我会拿来记单词，不知道为什么，我这时候背的单词都不会忘记。另外，对于理科，我会学习好课堂上老师讲的每一个知识点，然后在课下花点时间复习一下，就能巩固了。其实，学习并不是什么难事，每个人都应该有属于自己的一套学习方法，而这并不是千篇一律的。"

"可是，我们都不知道怎样才能有属于自己的学习方法啊！"

"我们可以求助于父母啊，他们是了解我们的，而且，他们是过来人，我们在学习上的一些不足，他们是能看出来的。"

"这样啊，我回去得和爸妈好好谈谈。"

这里，我们看到了学习方法的重要性。然而，调查显示，90%的孩子没有自己的学习方法，只会被动地接受传统的填鸭式教育。这样导致很多孩子虽然很努力，可是成绩却依然提高不上去，最后丧失了学习积极性，上课走神甚至厌学。而家长就开始为孩子不爱学习、厌学而苦恼。也有一些家长会疑惑：为什么有的孩子能轻松地学好，而有的很努力却学不好？这还是因为学习方法上的问题，孩子如果有一套属于自己的个性化学习方法，自然能学得好。

那么，作为父母，我们该如何帮助孩子改进学习方法，从而让孩子爱上学习呢？怎样帮助孩子找到属于他自己的个性化的学习方法呢？

1. 认识到孩子的独特性，尊重孩子的学习兴趣

适合孩子的学习方法是建立在孩子的学习兴趣的基础上的。忽视这一点，父母为孩子打造出的学习方法即使再完美，也不一定适合自己的孩子，因为他对此方法根本不感兴趣。因此家长都应重视孩子的个体差异，充分考虑孩子的优势智能，注重学习兴趣和个性的培养，帮助孩子找到属于自己的"钥匙"。

2.根据孩子的生活习惯和生物节律安排孩子的学习,让孩子学习更高效

每个人的机体存在差异,这是毋庸置疑的,因而每个人的学习习惯也有所不同。比如,有些孩子喜欢在晚饭前学习,而有些孩子在睡前的某段时间能发挥记忆的最佳效果。对此,父母都要留意,只有这样帮助孩子学习,他才能以最短的时间进入学习状态,提高学习效率。

3.掌握小窍门,让孩子保持平和心态

有些孩子学习效率提不上去,或迟迟不能进入学习状态,是心理负担过重、杂念过多所致。对此教学专家认为,家长个性化的监督和引导是孩子安心学习的关键。在此,提供给家长们几个帮助孩子收心的小窍门:家长不要给孩子过多压力,要鼓励孩子适当地多看书,或者陪孩子适当做一些体育锻炼,让孩子心态平和下来。另外,家长可以帮助孩子制订一个切合实际的学习计划,每天定期了解孩子的学习表现,多给孩子鼓励和建议,使孩子保持积极的心态。

4.训练孩子解决问题的能力

拥有解决问题的能力才是制胜的法宝。父母在帮助孩子找适合他的学习方法时,这一点乃重中之重。要训练孩子这一能力,就要着重培养孩子自主学习的能力和正确的思维方式,长此以往,孩子的成绩及综合素质将能够稳步持续地提升。

总之,帮助孩子找学习方法,需要考虑孩子个人的习惯、兴趣、时间安排、生理状态等。所以,你要想成为孩子的家庭教师,就要全面了解你的孩子,然后做出具体的计划安排。只有适合孩子自己的学习方法才是最好的。有针对性地制订出一套独特的、行之有效的学习方法和心理辅导策略,不仅能使孩子提高学习成绩,更重要的是能让孩子的心态更健康!

总是记不住知识——帮助孩子寻找适合的记忆方法

作为家长，我们发现，记忆力差是很多孩子苦恼的事情之一：上课学的知识在当天作业中遇到了，可完全不记得老师怎么讲的了；有时候一个单词本来已经熟练地记下了，可很快就忘记了；做事也丢三落四。这就是记忆力差。然而，孩子为什么记忆力差呢？一方面是孩子记忆方法不正确，另一方面就是记忆时注意力不集中。越是不专注，越是记不住；相反，能做到学习时手脑并用且认真专注的孩子，记忆效果更好。对于这一问题，很多记忆专家指出，注意力与记忆密切相关，增强孩子记忆力的方法与提升孩子注意力的方法有异曲同工之妙。我们来看下面的案例：

这天放学后，晓辉回到家，妈妈赶紧叫住他，对他说："儿子，上次听你说你最近记忆力很差，好像记不住知识点，是吗？"

"是啊，我都怀疑自己得了健忘症。"

"不是，学习压力大了是会这样的，不过正确的记忆方法也可以提高记忆力。昨天我特意加了单位张姐女儿的微信，那孩子是去年我们市的文科状元，我请教了一下她的记忆方法，她说可以用'目录记忆法'和'闭目回想法'。具体是什么我不懂，不过她已经传给我操作方法了，你看看。"

说完，妈妈拿出手机，给晓辉看具体方法。

目录记忆法：这个方法非常适合用来背历史知识。首先不要直接背内容，而要先把大目录记牢，再背小标题。这样体系建立了，各历史事件的关系也明白了，对整本书的理解也会加深。在背目录和小标题的时候会有很多新的领悟，直接背史实是很难体会到的。

闭目回想法：先闭上眼睛，接着回想书上某页的画面，然后你可以自己去填充里面的具体内容了。如果发现有个地方怎么也想不起来，就马上翻书，仔细地把这个盲区"扫描"一遍，然后继续闭上眼睛回想下面的内容。这种方法对于加深记忆非常有效。

提高记忆力的过程，实际上也就是克服遗忘的过程。培养良好的记忆能力也不是什么不可能的事，只要我们能引导孩子在学习活动中进行有意识的锻炼。以下是八种增强记忆的方法：

1. 兴趣学习法

"兴趣是最好的老师"，这话并不是毫无根据的。如果孩子对学习的内容毫无兴趣，那么，即使花再多的时间，也是徒劳，也难以记住那些知识点。家长不妨多带孩子亲近大自然，参观博物馆等，激发孩子的求知欲和学习兴趣。

2. 理解与记忆双管齐下

理解是记忆的基础。只有对知识点加以分析，然后理解，真正了然于心，才能记得牢、记得久。仅靠死记硬背，则不容易记住。对于重要的学习内容，如果能做到理解和背诵相结合，记忆效果会更好。

3. 科学用脑

在保证营养、积极休息、进行体育锻炼等的基础上，科学用脑、防止过度疲劳、保持积极乐观的情绪，能大大提高大脑的工作效率。这是提高记忆力的关键。

4. 集中注意力学习

其实，课堂上的时间是最好的学习和记忆时间，充分利用好课堂时间，课后只要稍花时间，加以巩固，就能获得知识。相反，如果课堂上精神涣散、一心二用，就会大大降低记忆效率。

5. 及时复习

遗忘的速度是先快后慢。对刚学过的知识，趁热打铁，及时温习巩固，是强化记忆痕迹、防止遗忘的有效手段。

6. 多回忆，巩固知识

要真正将某项知识记牢，就要经常性地尝试记忆，不断地回忆，这一过程可使错误记忆得到纠正，遗漏得到弥补，使学习内容、难点记得更牢。

7. 读、想、视、听相结合

可以同时利用语言功能和视听觉器官的功能，来强化记忆，提高记忆效率。这比单一默读效果好得多。

8. 掌握最佳记忆时间

一般来说，上午9~11时、下午3~4时、晚上7~10时为最佳记忆时间。利用上述时间记忆难记的学习材料，效果较好。

总之，知识的积累，就像建造房子，从砖到墙、从墙到屋，是一个循序渐进的过程。作为家长，我们也要提醒孩子，知识需要复习，记忆也要掌握一定的方法，这样，复习的时间不需要很长，但效果会很好，"磨刀不误砍柴工"，就是这个道理！

学过就忘——帮助孩子制订合理的复习计划

古人云："凡事预则立，不预则废。"无论是工作还是学习，都不可忽视计划的重要性。好的计划等于成功的一半。对于孩子而言，学习也要有计划，其中就包括复习。不少父母感叹，孩子学习能力很强，但就是记不住，需要不断去重复学习，白白耽误了时间，其实这是因为你的孩子没有掌握好的复习方法。孩子只有复习方法到位，才能获得好的学习成绩，而恰当的复习计划，有助于统筹兼顾各科的复习。制订好计划，目标明确地进行复习，会大大提高记忆和学习的效率。

一些孩子可能会想：老师不是在课堂上为我们安排好了复习计划吗？只要跟着老师的步子走就没有问题，又何必再费劲呢？这种想法是不对的，因为老师安排的复习计划是针对群体而言的，并不适合每个孩子，所以，我们应该引导孩子针对自己的情况，再制订一个适合自己的复习计划。这样两方面相互照应、配合，才会取得最佳的学习效果。

下面，我们来听听一位小学"学霸"的复习心得：

为评估自己的复习效果，我们可以制作一套表格，在表格里列出各个知识点，分别填入A、B、C，A可以代表"复习效果良好"，B就代表"复习效果一般",而C就代表"复习效果不理想"。后期的复习中,对标A的内容就没必要再费很多的时间和精力去复习,而标B的内容就要在做题过程中多加注意,标C的内容则需要花大力气去复习。

另外,在制订适合自身的复习计划时,要注意达到考试要求的掌握程度。在各个复习时间段结束之后,除了根据复习情况填写实施效果栏,还要把在复习该部分时总结的易错题目类型填入相应表格中,以便在最后的复习阶段更有针对性。

如果复习效果没有达到预期的知识目标,一定要在补救措施栏填好下轮复习计划,并在备忘栏中进行备注,方便检查落实情况,真正做到不留考点死角。

从这里我们可以看到,在制订复习计划时,一定要注重复习效果,并记录在案,这一点值得很多孩子学习。

那么,可能一些父母会再次发出疑问:到底什么样的计划才是真正适合自己孩子的呢?其实,只要你在帮助孩子制订计划时让孩子多注意以下几点即可:

1. 弹性安排,注意时间分配

可能一些学生认为,升学考试是决定自己一生命运的关键,因此,在制订学习计划时一定要把时间安排得紧些,这样才能让自己拼命学。实际上,这种复习计划是不合理的。

我们每个人的精力都是有限的。小学学习没有中学压力大,更没有必要超负荷运转。在制订计划时,一定要把体育锻炼、看电视等运动、娱乐的时间适当留出一些。一天的活动要富于变化,各有固定的时间和步骤。健康、有规律的生活，才是有效学习的基础。

2.个人计划应该与老师给出的计划相协调

个人计划不能与老师的计划相冲突，而应与其协调起来，作为其有益的补充，这样既不脱离班级的复习节奏，又照顾到了自己。

3.合理安排各科复习时间

根据自己对每门课的掌握情况，应合理分配各科复习所需要的时间，给弱项多分配一些时间。另外，从制订计划开始到考前，对相应科目的复习遍数，以及每遍所采取的复习方式和应达到的程度，最好都有明确的规定。

4.复习时间的安排要细化

以一周为单位，除上课外，计划好有多少时间可用于自己复习。把这些时间以1小时或1.5小时为单位划分成时间段，根据不同的时间段，安排相应的复习内容。目标分配得越精细、越明确，越有利于提高复习的效果。

总之，我们需要让孩子明白的是，复习计划不是目的，只是学习的一种打算、一种安排，是用来循序渐进地获取和重温知识的一种手段。因此，复习并不是越详尽、时间安排越紧凑，就越有助于提高学习成绩，只有合理的、适合孩子自己的复习计划，才是最有效的。

第08章

告诉孩子从小开始积累良好习惯，启迪孩子的智慧

心理学家威廉·詹姆士说："播下一个行动，收获一种习惯；播下一种习惯，收获一种性格；播下一种性格，收获一种命运。"从小养成的习惯会伴随人一生，在孩子成长初期，作为父母，我们就要让孩子从小培养一些优秀的习惯，这些习惯会使他受益终身，成为蕴藏在他内心深处取之不尽的财富。

总是挑食不吃饭——如何训练孩子良好的饮食习惯

生活中，不少父母发现，孩子慢慢长大后，好像比小时候更不听话了，尤其是在吃饭上。一到吃饭时间，父母就连哄带骗，但孩子还是不愿意吃。对于这个问题，让我们看看丁丁妈妈是怎么处理的：

丁丁今年6岁了，他还有一个4岁的弟弟。丁丁上幼儿园大班，弟弟在小班。此时两兄弟正处于长身体的阶段，所以妈妈每天做饭的时候都会顺带做点汤，并且要求他们二人每餐喝一碗。

这段时间，丁丁真的不想喝汤了，这次吃饭时，他偷偷把汤倒在了桌子上，妈妈其实看见了，但是并没有骂丁丁，而是装作没看见。丁丁看到妈妈擦桌子，内心还一阵窃喜。

弟弟看见哥哥碗里的汤没喝，就将自己碗里的汤倒了一半给哥哥。但丁丁看见妈妈一走，又把碗里的汤倒了，这次刚好被妈妈看到。

也许大多数的妈妈此时都会训斥孩子或者把孩子打一顿，但是丁丁妈妈却心平气和地对丁丁说："汤是有营养的食物，但是你今天不小心把汤洒了，还是两碗，那接下来的两餐，你就没有汤喝了。"丁丁听了妈妈的话更高兴了，因为之后两顿饭都不用喝汤了。

晚餐时，妈妈照常给弟弟端来了汤。这时候丁丁心里怪怪的，但一想到终于不用喝汤了，心里还是很高兴。到了第二天，妈妈依然只给弟弟盛了汤，而且弟弟喝得干干净净的，丁丁忍不住了，问弟弟："今天的汤好喝吗？"弟弟点头，丁丁只能吞了一口口水。

到了中午吃饭的时候，妈妈终于给丁丁盛汤了。丁丁看着这碗汤，觉得来之不易，非常认真地喝了个干净。

不得不说，丁丁妈妈真是太机智了！如果在这个时候，妈妈只会对孩子责骂或者是惩罚，恐怕不能达到这么理想的效果。所以，面对孩子不爱吃饭的问题，父母一定要找对方法。

以下是几点给父母的建议：

1.让健康饮食成为习惯

孩子挑食往往是没有意识到食物中的营养对于健康的重要意义。父母可以引导孩子觉察自己是不是生理上感到饥饿，让他们自己感受到自己需要吃饭，帮助他们与身体的需求协调同步。父母还可以跟孩子聊一聊，告诉他们为什么有些食物比其他食物更好。如果孩子想吃点甜的，解释一下为什么像水果这样自身含糖的天然食物会比加工食品好。孩子一直在观察父母的行为，吃饭的时候也不例外。父母可以通过选取健康的食物、饮品和零食，和孩子一起吃饭，给他们树立榜样。父母将健康、天然的食物吃得津津有味，是以身作则的一个好办法。

2.让孩子参与做饭的过程

父母不妨请孩子一起来采购和准备食物，把吃饭当作学习的机会——一起查询都有哪些食物类别，看看身体需要什么样的营养素和维生素。为家人准备健康可口的饭菜，他们会乐在其中。不必完全杜绝某些食物，彻底的禁止往往会让孩子更加渴望。与其完全禁止不健康的食物和饮料，不如限制分量，让孩子知道不能经常吃某些食物，比如不能每天吃。另外，不要将食物作为奖励或惩罚，这将让孩子对食物形成错误的认识。

3. 不必催促孩子"都吃掉"

父母首先要控制食物的分量，要求孩子吃得太多会令体重增加，所以务必教会孩子一餐应该吃多少。比如，有一种简单的方式是将每餐的摄入量可视化：建议一份面食、米饭或谷类食物是一个拳头大小，一份肉大概是自己的巴掌大小，黄油等脂肪类食物的分量应该小于一节大拇指。另外，父母可能会觉得吃光盘子里的食物可以让孩子从食物中获取所需的营养，但是这可能会让孩子讨厌吃东西，对吃饭产生不好的联想。如果孩子不吃蔬菜，试着在他们面前吃蔬菜，让他们看到吃蔬菜给你带来的快乐。

总之，养成健康的饮食习惯，不仅有助于促进孩子养成良好的行为习惯、发展出健康的体魄，也为他们的成长打下基础。

吃得好才能学得好——让孩子的大脑有足够的营养

生活中,我们每个人都需要吃饭以维持正常的生理需求,这就是人们常说的"人是铁,饭是钢""民以食为天"。我们的孩子也是如此,尤其是孩子的身体正在不断成长,因此需要保证充足的营养,充足的营养能保证孩子脑部健康发育,这是孩子有良好学习能力的前提。不过,我们所说的"吃得好",并不是顿顿大鱼大肉,而是饭菜充足且营养均衡,如果不加节制地饮食,那么就有可能危及孩子的身心健康。

婷婷妈妈是个很注重饮食健康的人。她是一位中医大夫,经常利用自己的医学知识给婷婷做味道鲜美又营养丰富的饭菜。早餐要么是牛奶、鸡蛋,要么是在蒸水蛋里加些蜂蜜,她说这样吃既营养又能帮助消化。中午的时候她会让女儿吃点水果,比如苹果、雪梨、香蕉等,因为这些水果可以补充人体所需的维生素和微量元素。晚餐会比较丰盛一些,比如会有清蒸鱼、紫菜汤、莲藕炖排骨等,这些食物都有补脑的功效。

婷婷的妈妈说,成长期的孩子要多吃些清淡的食物,忌食辛辣、油炸食品。

的确，孩子需要充足的营养，但不必刻意追求高营养。而牛奶、鸡蛋、豆浆等都是很好的食物，既不过分油腻，又富含蛋白质、钙质等不可或缺的营养成分，晚上睡觉前喝牛奶还有助于睡眠。

那么，具体来说，我们该让孩子在饮食上注意些什么呢？

1. 一定要吃主食

葡萄糖是大脑活动的唯一能量来源，体内的糖量不足，就会出现脑袋发蒙等影响学习的状况。而葡萄糖主要来自碳水化合物，也就是粮食。

吃粮食要注意粗细搭配，应适当吃些玉米、小米、全麦食品，此外，不可用糕点、甜食、糖等代替主食，因为食用过多的糖会使人烦躁不安、情绪激动。

2. 早餐要吃饱

一般来说，我们的孩子晚上都要学习，经过一夜体能消耗，各种代谢物在体内也有一些堆积；而上午的学习中，大脑所需要的能量几乎全部来自早餐，所以空腹不仅会影响学习水平的发挥，而且容易发生低血糖昏厥现象。因此，吃好早餐可以给大脑提供充足的能量，对保持旺盛的精力和较好的学习状态非常必要。

早餐不仅要吃饱，而且要保证吃好。应多吃一些补脑的食物，如鱼类、豆制品、瘦肉、鸡蛋、牛奶以及新鲜蔬菜、瓜果等，少吃肥肉、油炸食品等。早餐应该有粮食，干稀搭配、主副食兼顾，比如粥和鸡蛋。

3. 少荤多素

一般情况下，过于油腻的东西会加重身体的负担，长期大鱼大肉甚至会影响身体健康；而新鲜的蔬菜清淡爽口。少荤多素，合理搭配，吃起来心情也会轻松。

4.讲究色、香、味俱全

健康的饮食讲究色、香、味俱全,这样吃起来才会感觉是一种享受。

5.常换口味

人们对于经常看到的东西都会有视觉疲劳。同样地,如果同一个菜连续吃两次以上,就会产生味觉疲劳,身体会本能地产生抗拒。因而,我们为孩子做饭时就要变换种类,以保证味觉的新鲜。这样,也能让孩子有个好心情。

6.多食用新鲜蔬菜水果

蔬菜水果中含有丰富的维生素C和膳食纤维,维生素C既可促进铁在人体内的吸收,更重要的是,它还可加强脑组织对氧的利用。另外,这类食物还可帮助消化,增加食欲,尤其在炎热的夏天,本来食欲就低,加之孩子学习紧张,就更不想吃东西了,这时,吃一点新鲜水果可以开胃。

7.可食用一些舒缓神经的食物

我们应注意为孩子选择含钙高的牛奶、酸奶、虾皮、蛋黄等食物,这些食物有安定情绪的效果,能帮助孩子更集中注意力。香蕉中含有一种物质能帮助人脑产生5-羟色胺,促使人心情变得安宁、愉快、舒畅。富含维生素C的食品,可以起到平衡心理压力的效果,柑橘和番茄是维生素C的最佳来源。每天饮用红茶,也有利于舒缓神经。

掌握以上几点饮食原则,我们便可以为孩子准备营养又均衡的食物了。

晚上不睡早上不起——帮孩子养成良好的作息习惯

睡眠专家在研究中发现，充足的睡眠有助于提升表现力、专注力、记忆力、学习能力、情绪管理能力、身体素质以及生活质量。缺乏睡眠可能导致儿童学习能力下降，产生破坏性行为，甚至导致肥胖、高血压、糖尿病、抑郁症等病症。

的确，作为父母，我们都希望孩子早睡早起，有充足的休息时间，但一些孩子在睡觉这一问题上就是磨磨蹭蹭，晚上晚睡，早上起不来，造成迟到、白天精神差的后果，这对孩子的学习和生活都是不利的，这就需要我们为孩子规定适宜的生活规矩，让孩子有个好的作息习惯。孩子休息好了，才能集中注意力学习。可以说，早睡早起是孩子自律能力强的一个重要表现。

这天晚上，都十二点了，6岁的豆豆还在房间拿着妈妈的手机看动画片。爸爸看见豆豆房间的灯还亮着，就站在房门外，等豆豆看完手头这一集，就敲开了豆豆的门。

"豆豆，你知道几点了，对吧？时间不早了哟！"

"我知道，可明天是周末呀，没事的。"豆豆为自己找借口。

"可是你知道吗？你今天晚睡，明天就要睡懒觉，明天晚上又会睡不着，循环往复，你的作息时间就会被打乱，伤身体不说，还会影响你的学习效率。"

"嗯，爸爸您说得对，健康的前提还是要有规律的作息时间……"

良好的生活习惯，源自平时作息时间的保持。不少孩子缺乏这种作息时间观念，自律能力不足，更谈不上养成好习惯了。只有合理安排好自己的作息时间，使生物钟能够保持正常的周期，人体才会感觉到精力旺盛。大量资料表明，凡是生活有规律、勤于劳动而又能劳逸结合的人，都不仅工作效率高，而且健康长寿。

当今社会已经不是一个"头悬梁、锥刺股"就能成功的社会。学习上也是，时间加汗水，加班加点，牺牲休息时间，完全不顾自己的身体地用功，这种做法有损身体健康，又没有效率，结果也往往事与愿违。并且，6~12岁的孩子，才入小学，没有紧张的学习压力，更不必挑灯夜战。

从孩子6岁开始，就要让他们养成良好的作息习惯，这对于他们日后的学习生涯也大有裨益。另外，我们还可以让孩子在学习之余，打打球，唱唱歌，去郊游等，孩子紧张的心情得以放松，压力自然也就得到缓解。

那么，我们如何引导孩子养成早睡早起的习惯呢？

1. 每天保证8小时睡眠

我们要为孩子规定：晚上不要熬夜，定时就寝；中午坚持午睡。充足的睡眠、饱满的精神是提高效率的前提。

2. 家长也尽量做到早睡早起

有条件的话，父母可以和孩子一起养成早睡早起的习惯，最好把全家人都动员起来，以营造良好的环境来协助孩子调整好生物钟，只要生活规律了，无论什么季节，孩子都能拥有健康、元气的每一天！

3. 用饮食来协助调整

饮食也会影响睡眠，如果晚餐吃得过饱或摄入过高热量，孩子可能会出现肠胃不适，或者精力过于充沛，这些都会导致睡眠质量不好，影响第二天的生活和学习。这不只对孩子的健康十分不利，对成人也一样，因此，我们和孩子都要遵循"早餐吃饱，午餐吃好，晚餐吃少"的原则。

4. 告诉孩子要睡好午觉

我们不要忽视午觉的作用。在午餐和晚餐之间，一般人都会觉得头昏脑胀、思路缓慢，好像也不太能集中精神。这是人正常的生理反应：越来越多的证据显示，在经过半天的活动之后，有一股力量会驱策我们休息一下。同样，对于学习阶段的孩子来说，更应重视午觉的作用，过度用脑而不休息会对大脑发育有不利影响，也不利于下午的学习。

5. 给孩子制定生活作息规矩

给孩子定立一个生活作息制度，每天什么时间应该干什么，都给孩子讲清楚，没有特殊情况不要变动。

并且，要持之以恒，每天都坚持让孩子早睡早起。不能一到周末就玩至深夜，周日早上全家人都赖在床上不起来，这样很难使孩子养成良好的睡眠习惯。如果坚持遵循生活规矩，相信时间长了，孩子会养成遵守作息制度的好习惯的。当然，养成好习惯不是一天两天的事情，需要我们用耐心引导，一定不能操之过急。

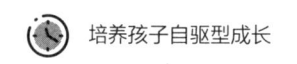

培养孩子的理财观——理财要从娃娃抓起

提到理财,不少父母会说:理财不是成人的事吗?其实不然,理财是孩子很小的时候就应该学习的生存技能,让孩子学会理财是非常明智的选择。理财教育是家教的有机组成部分,是与孩子健康成长的方方面面问题息息相关的。事实上,孩子到了五六岁以后,就开始对钱财有一定的观念了,他们也能清楚地了解一些物价,此时,对他们进行理财教育再适合不过。

《富爸爸,穷爸爸》的作者清崎先生曾说:"一对贫困的父母在培养孩子的理财观念时,只会说:'在学校里要好好学习喔。'结果,他们的孩子可能真的以优异的成绩毕业,但是同时也传承了贫穷父母的财富观念和理财方法……这大概也揭示了为何众多精明的银行家、医生和会计师们在学校学习时成绩突出,但是毕业后依然一辈子为财富问题劳神。他们中有些人虽然受过高等教育,但却很少经过系统的财富培训。因此,只要发现孩子开始对钱感兴趣,我们就要教他们理财。"

另外,教育心理学家认为,从小培养孩子的理财观念和理财技能,对帮助孩子养成正确的消费习惯大有裨益。很多家长抱怨"我家的孩子花钱总是大手大脚,每个月的零用钱不断上涨""我家的孩子花钱一点计划都没有,总买一些没用的东西"……其实,孩子这种乱花钱的习惯与家长的教育有着直接的关系。比如下面这个案例：

小强还是个在读幼儿园的孩子，才6岁，却已经学会了向同学借钱，还在学校门口的小卖部赊账消费。到了实在赊不到的时候，他就编造各种理由找妈妈要钱还账。当妈妈抱怨为什么学校总是乱收一些费用时，爸爸说："才几个小钱，孩子要就给他呗。"他们哪里知道那些所谓的"学校收取的费用"，都被儿子拿去胡乱消费了。

确实，随着生活水平的提高，很多家庭逐渐富裕了，孩子是家庭富裕的直接受益者，家长对孩子提出的要求也是尽量满足。可是，事实上，这种给孩子大把钱花的教育方式是有百害而无一利的。我们家长不要把给孩子零用钱当例行公事，而应该教导孩子们如何管理手上的金钱，并赋予他们理财的责任，这才是重点。

所以，作为家长，应该把理财能力的培养当成家庭教育的重要组成部分。如果你的孩子对金钱没有正确的认识，有花钱大手大脚的毛病，你千万不要一味地批评、指责孩子，孩子正确的理财观念是在日常生活中一点点培养出来的。

教会孩子理财，应从小开始。根据学者研究，儿童接受各种能力的培养，都有一个关键期。以语言能力训练为例，2~4岁堪称为关键期。若是希望培养儿童数理能力，那么5~6岁便是关键期。对于稍具难度的理财能力而言，培养的关键期为5~14岁。那么怎样教会孩子理财呢？你可以尝试以下方法：

1. 与孩子签订零花钱使用合同

让孩子学会正确、科学地理财，家长首先要树立正确的观念：不是给孩子的零花钱越多，就是越疼爱孩子。有了正确的观念作为前提，家长可与孩子签订零花钱使用合同。对于已经上小学的孩子，家长可以在合同中规定，每周只给孩子十元零用钱，每周一早晨发放，并且规定无论遇到什么情况，都要严格按照合同约定的方式发放零用钱。

一开始，可以以周为发放零用钱的时间单位。等到孩子习惯后，时间慢慢拉长为月。这种方式除了可让小孩学习在固定时间内分配金钱之外，也可训练孩子的用钱能力。

2.培养记账习惯

由于孩子年纪小，可能不知如何记账，刚开始时，父母可帮助孩子将未来一星期所需的花费记录下来，然后逐日补上额外支出项目，慢慢养成记账的习惯。等到完成几次记录后，慢慢放手让孩子自己记账。该做法的好处是，不仅让孩子做到心中有数，而且父母也可借此检视孩子的消费倾向，若发现有偏差，应适时纠正。

3. 培养储蓄观念

储蓄是理财的前提，若儿童能建立良好的储蓄习惯，意味着理财观念已开始萌芽。父母不妨从给孩子买储钱罐开始，鼓励他们存钱。为增加存钱动力，父母可以设定存钱目标，当孩子达到目标时，给予额外奖励。

4. 开设银行账户

为建立孩子"自己的钱"的观念，父母可以为孩子在银行开立单独账户。此外，当父母到银行办事时，不妨也把孩子一起带去进行教育，让孩子了解银行作业流程、ATM机功能等。若父母已开始利用此账户理财，则可利用银行对账单、投资报表等，向小孩说明，让他们亲身感受"复利"的效果，激励孩子多储蓄。

5. 给孩子"当家"的机会

现在，几岁到十几岁的孩子都已经接触钱了，但是他们往往不懂得"柴米油盐贵"，所以才会动不动就要求家长买昂贵的文具、名牌的衣服等。遇到这种情况，家长可以给孩子一些机会，让他们去买菜、交水费、交电话费等，让孩子知道家里的钱是怎么花出去的，父母每个月都有哪些开支。这样，孩子有了了解家中"财政"的机会，就会慢慢学会节约了。

6. 建立储蓄目标

储蓄的最终目标无非是希望孩子能理性消费，提高消费能力，因此父母可与孩子讨论建立储蓄目标，例如购买玩具、脚踏车、溜冰鞋等，然后协助孩子以每个月的零用钱为基础，规划出一个时间表，通过目标建立孩子的预算观念。

在孩子小的时候，家长就应有意识地培养孩子的理财能力，指导他熟悉掌握基本的金融知识与工具。不过在此要提醒的是，训练理财的内容必须依照孩子心智发展情形而定，找出适合他的理财学习方法。教会孩子理财，从短期效果看孩子能够养成不乱花钱的习惯，从长远来看，将有利于孩子尽早具备独立生活的能力，使其在高度发达、快速发展的时代中，具有可靠的立身之本。

不想写作业——让孩子养成独立完成作业的习惯

我们都知道，学习是学生的本职工作，而学习就离不开做作业。老师在讲了一天的课后，给学生布置作业，也是为了巩固学生学到的知识。可能有些学生认为，只要好好听课就能取得好成绩，作业无所谓，于是，他们常把做作业当成完成任务，因此出现很多抄作业的现象。而实际上，这都是不良的学习习惯。一些父母为了让孩子做作业更认真点，会陪同孩子一起做，殊不知这样做会让孩子形成依赖心理，要么一遇到不懂的问题就请教父母，要么只要看到父母走开，马上就开小差、做小动作。并且，父母辅导作业的学生，学习效率普遍更低。

与此相对，我们发现，那些成绩优异的孩子在分享自己的学习经验时，都会提到独立完成作业这一点，他们认为，认真做老师布置的作业也是学习和备考的重要环节。老师布置的作业要独立完成，努力思考，积极开动自己的大脑，并且结合上课老师所讲的新方法解决题目。

因此，我们要给孩子订立规矩——独立完成作业，让孩子把每次的作业当成一次考试，因为只有专注，才会有高效率的成果。

有位母亲谈到教育孩子的经验时说："常常听有些家长说自己的孩子

晚上做作业都要做到十二点。其实并没有这么多作业，问题的关键是孩子做作业的效率不高。在我看来，提高效率有两种基本途径：专注和限制时间。专注说来容易做起来却很难，不过我们还是可以培养孩子专注的能力。我们家很小，没有供女儿学习的独立房间所以我的女儿每天都是趴在饭桌上学习的。她告诉我，饭桌上的香味很容易分散人的注意力，但她会不断给自己暗示：必须投入学习，心无旁骛。现在看来效果真的不错。限制时间是提高效率的另一个有效途径。平时作业就要训练自己在规定时间里完成，到了考试才会从容不迫。"

的确，我们父母要明白，孩子做作业时，要做到两点：专注和限时，而这两点，是任何一个成绩优异的孩子必须要训练出来的。

如果你问：人在什么情况下才能不走神呢？那么，只有当一个人被规定在一定时间内，要完成某一件任务时，这个人的注意力才会高度集中。考试基本功的好坏很大程度上取决于平时对作业的态度。因此，我们应该在平时对孩子的考试素养和习惯进行培养，我们要告诉孩子，在做作业的时候，也要让自己像考试一样有紧迫感，这样正式考试的时候就感觉是在做平时的作业，考试就会变得很容易。

而独立完成作业，强调的当然是"独立"二字，作业不独立完成就完全失去了意义，那就不如不做。此外，我们还要让孩子明白的是，一定要坚决反对那种单纯为了完成任务的态度，为应付老师检查而写作业的不良习惯。作业实际上是课堂学习的继续，通过作业巩固课堂所学知识，检验课堂听讲的效果，可以培养自己独立思考、分析问题、解决问题的能力，提高学习的自觉性和积极性。当然，对于作业中出现的疑难问题，在经过充分的思考、分析后可以向老师、同学请教或开展讨论，对作业中出现的错误，要及时分析错误原因并进行订正。

一个学生，只有做好作业管理才有可能取得好成绩。而我们父母，就要给孩子订立规矩，不但不能陪同孩子做作业，还要力求让孩子在做作业时做到以下两点：

1. 限时

孩子回家就要写作业，要记录学习的时间，要限时学习，尽量不要超过规定的时间。提高学习效率，方法要对，知识吸收得怎么样就看作业时间了。正式考试时需要严格把控时间，所以平时要训练有素，每次越快越好，并逐渐做到快而准。

2. 专注

要告诉孩子一定要坐得住，作为父母的我们也不要打扰孩子。有了安静的学习环境，孩子才能专心学习。我们可以帮助孩子记录学习开始的时间、结束的时间，保证至少45分钟别动地方。多数孩子学到半夜是因为学习效率太低，他们没预习，听不懂，翻资料，问别人，抄答案，写答案，花费时间长的原因还是不懂。

总之，我们如果能让孩子记住以上两点，相信你的孩子一定能从作业中有所收获！

参考文献

[1]斯蒂克斯鲁德，约翰逊.自驱型成长[M].叶壮，译.北京：机械工业出版社，2020.

[2]尹丽华.自驱型成长[M].成都：四川人民出版社，2022.

[3]茉莉.让孩子轻松学会时间管理[M].北京：北京科学技术出版社，2018.

[4]王佳.如何培养儿童的自控力[M].北京：中国纺织出版社有限公司，2021.